LES DESSOUS
DU TENNIS FÉMININ

Nathalie Tauziat

avec la collaboration de
Dominique Bonnot

LES DESSOUS
DU TENNIS FÉMININ

PLON

ISBN : 2-259-19293-9.

On ne naît pas championne, on le devient.

Ce livre pour croire en ce que vous êtes,
pour croire en ce que vous faites.

AVANT-PROPOS

Sale affaire, commissaire !

C'était en quelque sorte un rendez-vous d'affaires. Sur les recommandations de Benoîte Lardy, mon agent, je m'étais rendue dans un quartier de Montréal où m'attendait, au treizième étage d'un building de verre, un responsable marketing de chez Porsche qui voulait me proposer un contrat. A l'époque, l'idée d'être au volant d'une telle voiture me faisait un peu rêver mais pas au point d'envisager d'en acheter une. En revanche, discuter d'un accord éventuel avec la marque allemande me semblait envisageable. La Porsche est une voiture que j'ai toujours trouvée très féminine. J'en ai une aujourd'hui, le modèle Boxter que j'ai plaisir à conduire, mais je ne me verrais pas en Ferrari, par exemple. J'avais donc accepté de rencontrer cette personne au beau milieu d'un tournoi, ce que je ne fais pas d'ordinaire. Moi qui ne m'habille qu'en survêtement durant la journée, j'avais passé un jean foncé et un pull Lacoste blanc. Je m'étais légèrement maquillée : Rimmel, brillant à lèvres, fard à joues.

Je sonnai. L'homme m'accueillit aimablement dans un immense séjour, m'invita à m'asseoir sur un canapé moelleux, m'offrit un verre qu'il posa sur une table basse, et nous commençâmes à échanger quelques banalités. Soudain, il m'expliqua qu'il avait une liste de prix à faxer à Los Angeles. Mais son matériel étant en panne, il me demandait de l'excuser le temps qu'il descende chez le gardien de l'immeuble pour passer ses fax. « Regardez les quatre roues motrices, dans le

9

modèle 911, c'est gé-nial ! Surtout si vous aimez faire un peu de conduite sur des routes difficiles », me lança mon hôte en disparaissant dans le couloir.

Je restai donc seule quelques minutes et feuilletai le catalogue qu'il m'avait laissé tout en essayant de vaincre la timidité teintée de méfiance qui m'envahissait dès que je rencontrais un inconnu. C'était en 1991 et, à cette époque, je n'avais aucune confiance en moi. Je pratiquais encore un tennis « d'épicière » selon les termes peu élogieux mais justes de mon coach Régis de Camaret, et ce manque d'audace ne limitait pas seulement mon jeu mais l'ensemble de mon comportement. Mes rêveries prirent fin brutalement quand un gros balèze fit irruption dans l'appartement.

« Vous êtes la propriétaire de l'appartement ? me demanda-t-il avec un fort accent canadien.

— Non, le propriétaire est descendu passer des fax, il va revenir d'un instant à l'autre, répondis-je, perplexe.

— Pas de temps à perdre ! *Let's go* », hurla l'homme en tapant dans ses mains pour rythmer les allées et venues de ses troupes vêtues de veste marquées Police.

Il m'expliqua alors qu'il lui fallait de la place afin d'organiser un poste d'observation pour surveiller l'immeuble d'en face.

A quelle drôle d'histoire me trouvais-je donc mêlée ? Je me posais la question quand le policier me demanda mes papiers.

« Je suis Nathalie Tauziat », dis-je fièrement.

Tout étonnée de ma propre audace, je lui déclinai mon palmarès alors qu'il me prenait toujours pour la maîtresse de maison :

« Je suis numéro 13 mondiale, numéro 1 française ! »

Indifférent, l'homme répéta qu'il n'avait pas de temps à perdre et donna l'ordre de jeter les meubles par la fenêtre.

Une chaise, une table, les coussins du canapé, le canapé lui-même, une autre chaise, un énorme pot de fleurs, tout y passait...

« Non, mais attendez ! »... Je regardai dans tous les sens, atterrée. « Je ne vais pas vous laisser faire ça ! »

Cherchant désespérément quelque chose de logique dans cette scène surréaliste, j'interrogeai l'intrus d'un air aussi naturel que possible.

« Je peux savoir ce que vous regardez ?

— C'est de l'autre côté de l'immeuble », répondit-il vaguement, tout en encourageant ses hommes à jeter encore plus de meubles par la fenêtre.

« C'est pas très discret », risquai-je en constatant le carnage sur la pelouse en bas.

La fuite. Il fallait que je réussisse à prendre la fuite.

J'envisageais sérieusement de ramasser mes affaires avant qu'elles ne passent également par la fenêtre et de prendre mes jambes à mon cou quand un crachotement de talkie-walkie apprit au chef de la police qu'il était tout simplement en train de se tromper d'appartement.

J'étais outrée.

« Mais enfin, monsieur...

— Je suis désolé, je suis désolé », répétait l'homme.

Il me donna son nom, son matricule, et disparut aussi vite qu'il était venu. Je restai bouche bée, seule au milieu de cet appartement nu, aussi inutile au milieu de la pièce qu'une employée d'agence immobilière sans visiteur.

Survint l'inévitable retour du véritable propriétaire. Je redoutai sa réaction, mais il ne se mit pas en colère. Je tentai de lui expliquer ce qui s'était passé, mais je fus tellement confuse qu'il pensa que j'avais voulu faire un exercice physique. J'éclatai d'un rire nerveux. Je déteste ne pas maîtriser une situation.

« Je vais être obligé de déduire le prix de ces meubles de votre contrat.

— On n'a pas signé, dis-je immédiatement pour rectifier.

— Evidemment qu'on n'a pas signé, répliqua l'homme à la Porsche, on n'a plus ni table ni chaise pour s'asseoir !

— Attendez, je ne suis pas venue pour signer quoi que

ce soit aujourd'hui. Je ne m'engage jamais à la légère. Je suis venue simplement pour voir si je convenais à l'image... »

Le peu d'assurance qui me restait et auquel je m'accrochais désespérément depuis le départ précipité de la police était en train de me lâcher. C'est alors qu'entra un voisin, sans doute alerté par le vacarme des meubles s'écrasant dans la cour treize étages plus bas. Il était psychiatre.

« Mademoiselle est joueuse de tennis et elle a balancé mes meubles par la fenêtre, résuma l'homme de chez Porsche. Etendez-vous, je vous prie, mon ami va vous examiner. »

On nageait en plein délire.

« Mais je n'ai besoin de personne ! »

J'étais prête à me défendre bec et ongles pour faire triompher ma bonne foi.

« C'est peut-être un virus, risqua le psy. Un virus dont les symptômes sont des absences de mémoire, ou bien des surprises... surprises ! ! ! »

Je venais de me faire piéger en beauté par le célèbre Marcel Beliveau ! L'émission passa à la télévision française quelques mois plus tard. Invitée sur le plateau, comme de nombreuses autres victimes, j'expliquai à quel point on peut manquer de lucidité quand les événements les plus dingues s'enchaînent aussi rapidement. En fait c'est exactement comme dans un match de tennis, lorsqu'on est en difficulté face à une adversaire en grande forme ou qu'un incident d'arbitrage vous déstabilise. Si on ne prend pas quelques brefs instants de réflexion pour analyser sereinement la situation, on peut se faire embarquer dans n'importe quelle galère.

Aujourd'hui, je suis très fière d'avoir, à mon corps défendant, participé à cette émission qui, à l'époque, était une des plus regardées en France et au Canada.

Pourtant je n'ai jamais couru après la gloire médiatique. Je l'ai même fuie avec assiduité, contrairement à pas mal de joueuses pour qui une invitation au très célèbre « Late Show de David Letterman » ou bien à

« Good Morning America » est une des plus belles marques de reconnaissance.

Mon statut de numéro 1 française pendant sept ans d'affilée m'a valu de nombreuses sollicitations. Je les ai toutes repoussées, assurant un service minimum aux rares journalistes qui persévéraient. Une semaine à la ferme ou au sommet d'une montagne me tente infiniment plus qu'un séjour au festival de Cannes ou sur un yacht amarré dans le port de Saint-Tropez. Dommage pour mon image ! Mais c'est un choix que j'ai fait dès le départ, poussée en cela par mon coach qui aurait été un très mauvais agent car il a toujours pensé que la médiatisation, c'était du vent. Que rien ne comptait plus que les résultats. J'en ai fait mon principe de base et je n'ai plus désiré qu'une chose : être reconnue pour mon seul mérite. Pour le fruit de mon travail, de mes sacrifices et de mon acharnement.

D'être restée sourde aux trompettes de la renommée m'a sûrement coûté beaucoup d'argent et un déficit d'image évident.

Mais je n'étais pas « à vendre ». Ma tranquillité est un luxe qui n'a pas de prix.

Jusqu'à ce que me vienne, sentant approcher la fin de carrière, l'envie de surprendre mon monde. A l'occasion du tournage d'un film destiné à une série de portraits de personnalités pour la télévision, j'acceptai de poser en petite culotte, étendue sur mon lit, chez moi, à Anglet. Je savais à quel point cette image, même atténuée par le moelleux d'un oreiller placé entre l'objectif et moi, trancherait par rapport à mes photos les plus connues qui me représentent toujours le menton volontaire, le poing levé, le regard méchant. J'ai simplement voulu me montrer comme je peux être au naturel et exprimer différemment ce relâchement du corps que j'ai acquis au fil des années d'entraînement à la recherche de coups techniquement parfaits.

Je me suis déshabillée, ou plutôt je ne me suis pas habillée car je sortais de ma douche après un entraînement, et je me suis laissée guider par le réalisateur.

J'ai joué le jeu, à fond, sans retenue. Je savourais chaque instant du tournage tout en riant à l'idée de la tête qu'allaient faire les gens qui me connaissent, et surtout mes parents. Ce n'était pas de la provocation, ni le mauvais tour d'une sale gamine, mais une sorte de message du genre : « Vous voyez, moi aussi, si je veux, je peux avoir du charme ! »

Une manière de prendre date, de répéter grâce à ces quelques belles images en noir et blanc ce que j'ai souvent annoncé beaucoup plus crûment dans les vestiaires à mes copines : « Les filles, quand je vais me lâcher, je vais me lâcher ! »

1

La minute de vérité

Un jour, à Wimbledon où je m'apprêtais à disputer la finale, j'ai vu défiler toute ma carrière comme on revoit, paraît-il, sa vie en accéléré quand survient un accident. Lorsque j'ai relevé la tête, c'était trop tard.

Quinze ans de carrière pour en arriver là. Franchement. J'allais disputer quelques heures plus tard la finale de Wimbledon tandis qu'en France la fièvre de la Coupe du monde de football montait inexorablement, et je ne ressentais rien. Je veux dire rien « d'extraordinaire ». Je me levai normalement, passai sous la douche sans états d'âme, pris mon petit déjeuner comme d'habitude. Dans la matinée, je bavardai avec Laurent, mon préparateur physique, et Marie-Lynn, sa femme, que j'avais invités à rejoindre dans ma loge Régis de Camaret, mon coach, Benoîte Lardy, mon agent, et Françoise Durr, qui est une de mes meilleures amies sur le circuit. Bien sûr j'eus une pensée pour mon frère et les personnes qui me sont chères, restées en France : Edith et Rambo qui devaient être comme des fous dans leur hôtel sûrement bondé à Biarritz, Arnaud, le fils de Régis, Olivia, Yohan et leur fille au club du Gaillon, David mon kiné et tous ceux qui m'aiment. Je téléphonai à mon père qui me passa ma mère. Ils n'avaient pas souhaité faire le déplacement à Londres et s'apprêtaient à suivre l'événement à la télé, dans leur maison de Béziers. On parla assez peu de ce match que j'avais attendu toute ma vie. La veille, j'avais regardé France-Italie avec un petit pincement au cœur pour Didier Deschamps qui fait partie de ma famille. Sa grand-mère maternelle était la cousine germaine de ma grand-mère paternelle. Enfin, je me dirigeai vers Wimbledon où je m'échauffai avec Kildine Chevalier et Régis. Sensations ni bonnes ni mauvaises, difficiles à interpréter. Insipides. Puis je déjeunai léger au self des joueurs. Régis m'encouragea : « Eclate-toi, Nat, fais-toi plaisir. Tu es en finale d'un Grand Chelem.

— Oui, tu as raison », répondis-je sans conviction.

Ce n'est qu'en entendant l'écho de ma propre voix que je réalisai à quel point j'étais stressée. En une fraction de seconde, je mesurai ce qui sépare un tournoi du Grand Chelem de tout ce que j'avais connu jusqu'alors. Pourtant, j'avais déjà touché les sommets en Fed Cup en 1997, avec Yannick Noah, Mary Pierce, Sandrine Testud et Alexandra Fusai, mais il s'agissait en cette occasion d'un stress partagé. Là, j'étais seule. Vraiment seule.

Tout en marchant dans le club, je ne pus m'empêcher de remarquer les courts désertés où toutes les joueuses du tournoi s'étaient battues avec tant d'acharnement dans l'espoir d'être à ma place aujourd'hui. Je pensais aux mille joueuses classées à la WTA et à tous les spectateurs qui allaient suivre la finale dans le monde entier : en famille chez eux, dans des bars, des hôpitaux, dans des clubs, entre fans, entre amis. J'effleurai du bout des doigts les fleurs magnifiques qui ornent les murs centenaires du All England Tennis and Croquet Club.

Je fus alors envahie par le sentiment tout à la fois exquis et effrayant d'être une grande joueuse. Mon sang se glaça littéralement. En passant devant la porte de la loge royale, je pensai à la duchesse de Kent qu'on voit toujours à la télé. A qui remettrait-elle le trophée tout à l'heure ? Consolerait-elle Novotna comme elle l'avait fait en 1993 quand, vaincue par Steffi Graf, Jana lui était tombée dans les bras ? J'eus la faiblesse de l'espérer.

J'atteignis les vestiaires. Déserts. Silencieux comme un tombeau. Déjà, durant le tournoi, l'endroit n'est guère animé. Réservé uniquement aux têtes de série, ce vestiaire historique n'est fréquenté que par des championnes patentées. Tête de série n° 16, vous y êtes invitée, objet de tous les soins. Dix-septième joueuse du tournoi vous pouvez aller vous faire voir chez Plumeau ! Aux vestiaires « populaires », à quelques pas de là !

Ici, tout est luxe et volupté. Les douches ne sont pas visibles du vestiaire, de sorte que vous avez l'impression d'être dans un salon de thé. D'ailleurs, si l'envie vous vient de boire une goutte de ce sublime Earl Grey, une femme de chambre stylée vous le servira dans une tasse de porcelaine, accompagné d'un délicieux cookie. Si vous voulez vous maquiller, vous coiffer, sur la gauche vous trouverez de vénérables tables de toilette sur lesquelles s'étale le contenu d'un rayon de parfumerie de grands magasins : crème pour les mains, parfums, lait corporel... Pour compléter le tableau, des canapés soyeux rehaussent le ton des moquettes qui ornent la cabine où vous avez déposé votre sac en entrant.

La tenue que vous avez donné la vieille à la *laundry* est prête, impeccablement blanchie, lavée et repassée. Elle vous attend sur un cintre à votre nom : miss Tauziat. En 1996 et 1997, la médiocrité de mes résultats m'avait reléguée avec le « reste du monde » après des séjours répétés parmi les « têtes de série ». Et j'avais vraiment apprécié de retrouver mes copines. J'étais si contente d'être avec elles que j'avais vite oublié le luxe du vestiaire « quatre étoiles ». Je savais qu'il n'y avait jamais aucune ambiance, et cela m'amusait même d'imaginer les filles se regardant en chien de faïence, se demandant en silence derrière un sourire de circonstance : « Et toi ? Tu seras encore là, la semaine prochaine ? »

J'aimais mieux les franches rigolades du vestiaire « popu ». D'ailleurs, en cette année 1998, si j'avais su profiter du charme discret de l'un, je m'étais souvent faufilée dans l'autre où j'étais toujours accueillie sous les huées amusées de mes camarades : « Qu'est-ce que tu viens faire chez nous ? Retourne donc chez toi... »

L'instant le plus fabuleux c'est, bien sûr, quand une joueuse qui n'est pas tête de série rentre avec une victoire sur une joueuse classée. Quand elle est sympa c'est la grosse fiesta ! Chez nous, tout n'est pas que murmures et battements de cils.

En pénétrant dans le sanctuaire, l'ambiance me parut plus pesante encore. Le silence était total, et une odeur de cire me plongea dans un recueillement anormal. Il n'y avait même pas, comme le jour des demi-finales, le petit brouhaha familier des joueuses de double dont la finale se dispute le dimanche avant celle du simple messieurs. J'étais seule au monde, comme sur un radeau au milieu de l'Atlantique, face à moi-même.

Je m'assis sur le banc et tentai d'analyser la nature des émotions qui me serraient le cœur si fort. En fait, j'étais tout simplement émue. Emue comme j'imagine l'être en entrant dans l'église le jour de mon mariage.

Ce flot d'évocations qui me faisait battre le sang dans les tempes avait quelque chose de violent, de déstabilisant. J'étais émue parce que j'éprouvais dans tout mon corps un immense soulagement eu égard à mes choix. Cette place en finale, c'était la meilleure des réponses à tous ceux qui, pendant toutes ces années, m'avaient cassée. Tous ceux qui avaient si injustement calomnié Régis (de Camaret) et Benoîte (Lardy) sans lesquels je n'aurais jamais pu être assise là, à cette place solennelle, à quelques mètres de Jana Novotna qui se préparait dans son coin comme elle l'avait fait l'année précédente. Et cette fois, ce n'était pas Hingis qui la défiait, mais moi, Nathalie Tauziat.

C'est à cet instant que j'ai commis l'erreur fatale. C'est là que j'ai commencé à regarder dans le rétro, au lieu de tendre la main vers la lune. Je n'ai pas dit : « Cette finale, elle est pour moi. » Je me suis dit : « Nat, tu as réussi ! » Ce fut la balle de match. J'ai pensé au travail accompli, à tous ces obstacles que nous avions surmontés. Je savais que Régis était content aussi. J'étais consciente

18

de la tâche qui m'attendait, mais j'ai eu peur. Peur sans doute de vivre ma consécration. J'aurais voulu que le temps s'arrête là. Qu'il n'y ait pas de dénouement. J'avais si peur de rater ma finale. Pas à cause de mon niveau de jeu, non. Ni de celui de Jana Novotna. Même si j'enviais son expérience, je savais que je possédais les coups pour sauver la situation, même en cas de panique. Ce qui me faisait peur ? La perspective de mon propre bonheur. Oui, je sais, ça paraît bête, mais j'ai tout simplement eu peur de vivre le plus grand moment de ma vie.

Pour tromper ce sentiment troublant, je me réfugiai, comme je le fais souvent, dans le rituel de l'avant-match. Je préparai méticuleusement ma boisson énergétique, vérifiai mes affaires, mes raquettes. Etendue sur l'un des canapés, j'ouvris un bouquin, sans en retenir un mot, puis le reposai. Je glissai un CD de Maria Carey dans mon Walkman et marchai de long en large, comme j'imagine qu'on le fait dans une prison.

J'essayai de visualiser le cérémonial de la finale, la révérence face à la Royal Box, juste après que l'homme chargé du protocole est venu vous chercher solennellement. Curieusement, cela me décontracta. Je remarquai que Jana était livide, et j'en fus toute rassérénée.

L'instant d'après, sur le central de Wimbledon, je m'emparai de ma meilleure raquette et je me mis à jouer. Pas mal d'ailleurs. Mais sans jamais tenter de trouver au fond de moi cette force indéfinissable qu'il faut pour remporter une très grande épreuve.

Je ne me suis pas montrée assez gourmande, et, au fond, Régis ne l'a pas été assez non plus. Nous avons raisonné trop petit, et quand je regarde ce match aujourd'hui en vidéo, j'en suis malade parce que j'aurais pu le gagner dix fois !

Cet aveu qui me fait si mal, il a bien fallu que je me le fasse pour progresser encore. Si je m'étais voilé la face, comme je fus tentée de le faire (après tout, finaliste d'un Grand Chelem, ce n'est pas si mal), je n'aurais sûrement jamais trouvé le courage de tenter ma chance à nouveau. L'aveu ne fut pas facile à formuler. Déclarer qu'on regrette de ne pas avoir gagné Wimbledon, ça fait plutôt prétentieux. Et pourtant, honnêtement, c'est ce que je ressens.

Seuls ceux qui ont rejoué cent fois dans leur tête une finale perdue peuvent comprendre.

Amélie Mauresmo, en finale de l'Australian Open en 1999, comprend. Je suis sûre que les rugbymen français, finalistes à la Coupe du monde, comprennent. Que les fabuleuses handballeuses battues par les Norvégiennes à la Coupe du monde comprennent. Qu'ils voudraient tous et toutes pouvoir rembobiner la cassette. Libérer toute cette audace qu'ils ont contenue, qu'ils n'ont pas osé déballer au grand jour à l'instant clé, effacer de leur conscience le reproche tenace d'avoir seulement voulu « bien faire ». Par pudeur, par instinct, par peur du ridicule, par manque de confiance en eux, comme englués dans de vieux complexes à la française.

Cette défaite m'a laissé un goût d'inachevé bien sûr, mais aussi un parfum d'espoir. Si j'avais gagné, je me serais probablement arrêtée comme les autres. Comme Novotna qui n'a plus trouvé de bonnes raisons de continuer. A l'inverse, cette défaite a agi sur moi en puissant stimulant.

Depuis que Novotna et Graf ont pris leur retraite, très peu de filles peuvent prétendre monopoliser le titre. En 1998, j'avais « tôlé » Davenport qui a remporté le tournoi l'an dernier et contre laquelle j'ai fait un super premier set en demi-finale du dernier Masters. Je sens que je suis encore dans la course.

Le jeu que je pratique sur gazon est beaucoup plus efficace que mon jeu sur terre battue, car il me coûte moins d'efforts. Mon service est très gênant, même si je ne sers pas à 200 km/h. Je sers à 160 km/h de moyenne et ça suffit : ma balle est lourde et s'enfonce dans le sol. Sur terre, j'ai l'impression que je ne peux pas faire de service-volée systématiquement. Comme tous les attaquants, à commencer par Sampras, je me sens maladroite sur cette surface. Peut-être que cette année, étant donné que je n'ai rien à perdre, je vais tout lâcher !

Dernier sujet de satisfaction qui paraîtra dérisoire à beaucoup mais essentiel à mes yeux. Même perdue, cette finale m'a enfin apporté ce que je n'ai jamais cessé de revendiquer : le respect de mon travail et de celui de mon entraîneur. Depuis ce jour, même nos pires détracteurs du passé me lancent volontiers : « Et surtout, tu salueras bien Régis ! »

Ce qui me fait toujours beaucoup rigoler. Intérieurement.

2

Du Women's Lib' aux baby-dolls

Lancé par Billie Jean King au début des années 70, quand l'Amérique des femmes se soulevait en faveur de l'égalité des sexes, le tennis féminin a connu à travers cinq ou six joueuses de caractère une prodigieuse ascension, pour en arriver curieusement à préférer les sex-symbols aux athlètes.

J'ai découvert très vite que les faux-semblants faisaient partie intégrante de l'univers du tennis féminin. Quand j'ai débarqué sur le circuit, j'adorais Chris Evert pour son élégance et sa féminité que j'opposais naïvement à la rudesse de Martina Navratilova. Je n'avais qu'une envie : parler à ces filles-là. Apprendre d'elles.

Evert incarnait pour le public la classe à l'état pur. Elle était gracieuse, féminine, tout sourire... Mais pour nous, joueuses, c'était elle qui savait aussi le mieux influencer les juges de ligne — en sa faveur ! Ce genre de pratique n'a plus cours aujourd'hui car les arbitres sont devenus aussi « pros » que les joueurs. Et en coulisses, Evert vous regardait de haut. Dans les vestiaires, elle ne s'adressait qu'à deux ou trois Américaines avec lesquelles elle s'amusait. Tout au contraire, Navratilova était non seulement exemplaire sur le court, mais, en dehors, toujours très sympa, très simple. Si en créant l'Association des joueuses (Women Tennis Association) en plein Women's Lib', Billie Jean King a assuré un bel avenir aux générations futures, Navratilova est en quelque sorte la mère du professionnalisme moderne. La préparation de ses matches était toujours particulièrement soignée, et ses entraînements furent les premiers à répondre à des programmes précis, des besoins imminents. On la présentait comme une sorte de femme bionique à laquelle il semblait difficile de s'identifier, mais c'était faux. En face d'elle, on n'était pas si impressionnée que ça. En tout cas, elle m'impressionnait beaucoup moins par exemple qu'une Williams aujourd'hui, alors que j'étais relativement plus loin du niveau de Martina que je ne le suis des Williams. Martina prenait la balle beaucoup plus tard. Et si elle dégageait une impression de puissance, elle jouait aussi beaucoup en toucher grâce à son mythique revers chopé de gauchère. Son service n'allait pas très vite. Elle devait servir au mieux à 160 km/h, ce qui, compte tenu de sa morphologie, était relativement faible. Avec son mètre quatre-vingt-six (quatorze centimètres de plus que Martina), Venus détient toujours le record féminin à 205 km/h chrono et sert en moyenne à 185 km/h. En retour, face à elle, vous êtes comme une gardienne de buts. Si vous n'arrivez pas à lire la trajectoire de son service en fonction de son lancer de balle, il ne vous reste plus qu'à plonger du bon côté ! Heureusement qu'en technique les Williams ne sont pas (encore) très fortes, sinon elles seraient injouables !

Contrairement à Venus, Martina n'utilisait pas sa puissance pour vous impressionner. Venus, quand elle vous serre la main, commence par vous la broyer. Ensuite, au moment d'entrer sur le court, elle vous regarde comme si vous étiez une naine.

Elle essaie de déceler la faille chez l'adversaire, et si celle-ci est blême, elle la considère avec le sourire carnassier du « méchant » dans les dessins animés. Hingis, quand elle réussit un point très spectaculaire, peut également vous décocher son petit sourire de pimbêche. Moi je pense qu'elle est tout simplement contente d'elle, mais beaucoup de filles prennent cela pour une insulte.

C'est qu'un match aujourd'hui se joue aussi dans le regard. La première qui baisse les yeux est très mal ! Pour ma part, j'arrive souvent à fixer l'adversaire, mais quand je me replie sur moi-même, c'est évident, je perds le contrôle du match. Il n'y a pas place pour la faiblesse, tout en nous doit exprimer la confiance.

L'été 1997, une polémique éclata entre Venus et la Roumaine Irina Spirlea. L'Américaine se qualifia pour la finale après avoir sauvé des balles de match. A la fin, après avoir vaguement serré la main de son adversaire, Venus s'écria : « C'est un rêve ! C'est un rêve ! » Puis, s'adressant par télé interposée à son père resté à la maison : « Salut, papa ! Occupe-toi bien du chien ! »

Mais ce qui fit couler le plus d'encre fut l'incident qui survint au deuxième set quand les deux joueuses se heurtèrent de l'épaule à un changement de côté. Version de Spirlea : « Venus a cherché le contact. Elle n'essaie jamais de changer de trajectoire. Elle se prend pour qui ? Je me suis dit : "Je veux voir si elle va chercher à m'éviter ou pas." Elle ne l'a pas fait, alors... » Version Venus : « Je crois simplement que nous ne regardions pas où nous allions. » Version du père de Venus, interrogé depuis sa maison où, comme on l'a vu, il gardait le chien : « Ce qui s'est passé sur le court est de nature raciale. Spirlea est une grosse, grande et moche dinde blanche. Venus n'a pas à parler aux autres joueuses parce qu'elles sont bêtes. Nous venons de Campton [un des ghettos de LA], et à Campton, on ne se laisse pas marcher sur les pieds ! »

Charmant, n'est-ce pas ? En tout cas, l'année suivante, au deuxième tour, aucun doute, Venus Williams a bien failli me « bugner » lors d'un changement de côté !

Venus n'a pas beaucoup de respect pour ses rivales, encore moins pour les institutions. Quand les pontes de Wimbledon lui ont demandé de choisir une robe un peu moins sexy que celle qu'elle portait, elle a répondu : « Qu'est-ce qu'elle a ma robe ? Elle est blanche, c'est bien la couleur exigée à Wimbledon, non ? »

Dès l'arrivée de sa première fille sur le circuit, le père Williams a annoncé qu'elle serait numéro 1 mondiale dans un proche avenir, ce qui déclencha une guéguerre de plusieurs mois entre les Williams et Martina Hingis qui venait de s'emparer du trône. Du pain bénit pour les médias : « Elles ne m'arrivent pas à la cheville », rétorqua Martina dont le prénom lui a été donné par sa mère, Mélanie Molitor, en l'honneur de la grande Martina Navratilova.

Finalement, l'épisode digne d'un Cosby Show du meilleur cru se termina par un échange de T-shirts en signe de traité de paix.

Serena (aucun titre à l'époque) ne tarda guère pour sa part à se comparer à Graf (vingt et un titres avant son ultime succès à Roland-Garros) : « C'est une bonne athlète, reconnut-elle, mais j'en suis une meilleure. »

Le plus grand mérite de Steffi Graf, c'est d'avoir su se donner les moyens de résister à plusieurs générations de joueuses dans un sport en progrès constants. Elle aurait pu tout envoyer promener, mais elle a tenu le coup et elle est partie en beauté. Et ça n'est pas qu'une expression. Car après avoir passé quinze ans enfermée dans une tour d'ivoire, elle donne l'impression d'avoir fait peau neuve. Elle sourit toute la journée, elle est resplendissante, épanouie. Tout le contraire de ce qu'elle nous a montré durant des années. Elle était sympa, bien sûr, mais toujours fuyante. Elle se protégeait. Elle avait compris que, dans ce monde sans concession, plus on entretient le mystère, moins on donne prise aux adversaires.

Car toutes les petites faiblesses qu'on peut noter dans le comportement d'une joueuse en dehors du court sont autant d'encouragements pour l'adversaire au moment de l'affrontement. Libérée de toute cette pression, elle est devenue la vraie Steffi. Je le lui fis remarquer d'ailleurs récemment. Elle pouffa d'un rire insouciant de femme heureuse. On a raconté pas mal de bêtises sur sa liaison prétendument « bidonnée » avec Agassi. L'hypothèse d'un possible coup monté fut avancée. Si c'est le cas, elle serait une sacrée comédienne ! Non, je pense que beaucoup de gens étaient contre cette liaison, qu'ils ont même essayé de la contrarier, mais qu'elle les a tous envoyés sur les roses : « Moi, maintenant, je vis ma vie ! Et je vous emmerde. » Elle a parfaitement bien fait. Après tout ce qu'elle a enduré pendant sa carrière entre les blessures et les déboires de son père, elle mérite tout le bonheur de la terre.

Elle est arrivée en 1985-1986 sur la scène internationale. A l'époque, le classement était fait de telle sorte qu'elle ne pouvait, malgré toutes ses victoires, prendre mathématiquement la place de numéro 1 mondiale qui semblait réservée à Martina Navratilova jusqu'à sa retraite. La WTA étant une institution essentiellement américaine, ses dirigeantes veillaient à ce qu'aucune Européenne ne vienne manger une trop grosse part du gâteau. Un jour, Steffi en a eu assez de cette injustice. Femme de caractère, elle a tapé du poing sur la table et exigé que le système de classement soit immédiatement corrigé. Plus jeune gagnante de l'histoire de Roland-Garros (à dix-sept ans et onze mois en 1987), elle est devenue numéro 1 le 17 août de la même année pour une durée record (joueurs et joueuses confondus) de 186 semaines consécutives. Au total, parmi les huit joueuses qui se sont succédé à la tête de la hiérarchie, c'est elle qui y est restée le plus longtemps, largement devant Navratilova, Evert, Seles, Hingis, Austin, Sanchez et Davenport.

J'ai toujours eu un immense respect pour Steffi, à tel point qu'en vingt-deux confrontations je ne lui ai jamais pris le moindre set ! Mais je n'en éprouve aucune honte. Steffi est pour moi *la* championne du siècle, et je regrette qu'elle n'ait été appréciée à sa juste valeur que lorsque l'écart entre elle et les autres est devenu plus mince. Si, pour reprendre l'idée délirante du film *Dans la peau de John Malkovich* j'avais l'occasion de me mettre à la place d'une immense championne, c'est elle que je choisirais. Pas pour revivre les moments clés de ses succès, parce que j'imagine très bien ce qu'elle a pu ressentir chaque fois qu'elle a brandi une coupe. En revanche, je serais curieuse de découvrir les trésors de sensibilité qu'elle a accepté de mettre de côté pendant sa carrière pour ne l'exprimer, m'a-t-on dit, qu'au hasard d'une galerie de peinture de New York, ou d'un zoo des Antipodes. En fait, après l'avoir côtoyée quinze ans durant, j'aimerais bien la connaître.

Si Graf s'est imposée comme la meilleure en termes de palmarès, tout en rendant le jeu plus athlétique, donc plus spectaculaire, la vraie révolution, à mon sens, est venue d'une fille qui n'était pas une athlète, loin s'en faut, et qui a donné un coup de boost énorme au tennis féminin : Monica Seles.

Dieu sait si je me trouve parfois un peu « bouboule », mais elle, vraiment, a battu tous les records en matière d'excédent de bagages. Et c'est pourtant à elle que le tennis doit une grande partie de son succès actuel. Un point commun entre elle et moi, nous n'avons jamais fait l'effort de nous plier à un régime strict. Elle craque sur les hamburgers-frites comme moi sur le confit-pommes sarladaises !

Mais grâce à elle, j'ai pu avoir deux carrières. La première, tendance « mémère », et la deuxième, carrément exaltante. Quand on l'a vue pour la première fois, Régis et moi avons immédiatement compris que si je continuais à pratiquer un tennis de fond de court, plantée à deux mètres derrière la ligne de fond, je serais carbonisée dans les deux ans à venir. L'arrivée de Seles en 1989 fut un choc pour tout le monde (y compris pour Graf) car nous n'avions jamais vu une fille prendre la balle si tôt après le rebond. La première fois que je l'ai affrontée, j'ai eu peur d'être larguée pour toujours. Je me suis dit : « Mais c'est pas possible, on n'a pas le temps de faire quoi que ce soit ! Même pas le temps de revenir au milieu du court ! » Le problème paraissait insoluble. Son père, un caricaturiste yougoslave, dessinait des Mickeys sur ses balles et lui avait appris à les faire exploser à un mètre à peine du sol après le rebond. Il plaçait des repères aux angles des lignes, et dès qu'elle les touchait elle gagnait des peluches. Ce petit jeu candide développa chez elle un réflexe conditionné, un instinct de destruction. Sur le terrain, on pouvait voir la transformation de son visage. A vous faire froid dans le dos. Et puis surtout, il y avait ce cri ! On aurait dit qu'elle hurlait : « Hen-ri ! Hen-ri ! » Insupportable. Je fus une des premières, à Wimbledon, à manifester ma réprobation, ce qu'elle n'apprécia guère. « Elle est mauvaise perdante », grinça-t-elle après m'avoir battue. Faux, j'avais une bonne raison d'agir ainsi. Je m'étais entraînée quelques jours plus tôt sur un court voisin du sien pour m'apercevoir au bout d'une vingtaine de minutes qu'elle tapait dans la balle comme une brute... sans pousser le moindre glapissement ! La preuve que tout cela n'était bien que du cirque pour nous impressionner et nous déconcentrer !

Steffi Graf fut la première à trouver la clé du jeu de Seles. Elle prit son coup droit plus tôt à son tour, monta au filet sur son revers, ce qu'elle n'avait jamais jugé utile de faire lors de ses duels avec Gabriela Sabatini qui distribuait du lift bien campée derrière la ligne de fond. Steffi commença à entrer à son tour à l'intérieur du terrain.

Aujourd'hui, tout le monde lui a emboîté le pas et a progressé d'au moins un mètre cinquante vers le filet. Bientôt les défenses vont s'organiser. Les attaques vont mener les filles droit à la volée où, pour l'instant, même les meilleures sont encore perfectibles techniquement. Et le jeu va encore se densifier. Et s'accélérer. De quoi corser encore plus le spectacle. Et pour les joueuses, quel régal ! Le plaisir est décuplé. De nos jours, le tennis féminin a la fulgurance des jeux vidéo et l'excitation croissante de l'antique jeu du bouchon. C'est à celle qui dégainera le plus vite. C'est OK Corral ! Tous nos réflexes sont conditionnés par des heures d'entraînement durant lesquelles chacune d'entre nous met ce qu'elle a de plus précieux dans ses gestes et sa concentration : un orgueil sans cesse exacerbé par la concurrence. Il arrive un moment où on s'est tellement investi dans son rêve qu'on ne peut plus reculer. Alors on avance, pour « détruire » avant d'être « détruite ».

Un match qui dure deux heures peut basculer sur un seul point. D'un seul coup une occasion se présente que les deux adversaires repèrent généralement dans la même fraction de seconde comme une évidence. Ensemble on se dit : « Si je l'ai, je lui marche dessus ! » Et le classement entre les dix premières fluctue ainsi, au gré du nombre de fois où le match tourne en faveur de l'une ou de l'autre. Mais c'est aussi dur pour chacune d'entre nous, même si, la victoire appelant la victoire, il nous arrive de créer par la magie de la confiance des spirales de succès — comme je l'ai fait à la fin de l'année dernière — qui s'enroulent aussi vite en sens inverse.

Dès que je peux affronter une fille comme Davenport, Hingis ou les sœurs Williams, je me frotte les mains. Rien à voir avec mes états d'âme d'il y a dix ans, quand je rentrais sur le court en me disant : « Pourvu que je ne prenne pas une tôle ! » Là, je sais qu'on va se régaler. Toutes les joueuses éprouvent cette même excitation, et je crois que le public l'a compris qui nous appelle par nos prénoms — surtout aux Etats-Unis — comme s'il nous connaissait chacune personnellement. D'ailleurs, si nous touchons beaucoup moins d'argent sous la forme de garanties — c'est-à-dire des cachets payés d'avance pour, tout simplement, participer à un tournoi — que les joueurs, c'est tout simplement parce que les organisateurs savent que nous ne supportons pas une défaite au premier tour comme il est courant sur le circuit masculin. Personne ne balance un match. Aucune fille ne veut offrir à l'autre la satisfaction de la battre sans forcer. Même en exhibition, je n'arrive pas à lâcher les points. Récemment, à Genève, j'ai joué contre Anna Kournikova. Nous nous sommes bien amusées dans nos loges, nous avons plaisanté avec les joueurs, Borg, Leconte, etc. Mais une fois sur le court, on s'est

« pris le chou ». Le tie-break du troisième set fut terrible. Incroyable, on se serait cru en finale de Roland-Garros !

L'entraînement à outrance, la vitesse d'exécution, les caractères entiers, les petites phrases qui tuent, les coaches dans les coins, tout dans le tennis féminin évoque désormais de grands combats de boxe. Hingis-Serena Williams, c'est un peu le « Hagler-Léonard » des années 2000.

Si l'orgueil est l'arme maîtresse de la guerre que nous nous livrons de tournoi en tournoi, ce sentiment si largement partagé par les femmes peut aussi se retourner contre nous. Parfois le jeu va si vite qu'on n'a même pas le temps de s'apercevoir de son erreur. J'ai déjà perdu des matches en voulant prendre l'autre de vitesse du fond du court. Hingis a perdu la dernière finale de Roland-Garros par orgueil, une semaine après que Venus a trébuché contre Schwartz, entraînée dans sa chute par un ego surdimensionné. *Idem* au Masters où Conchita Martinez en avait tellement assez d'être traitée de haut par Venus qu'elle a carrément failli lui flanquer son poing dans la figure ! Au lieu de ça, elle a réussi un de ses meilleurs matches depuis longtemps.

Pour lutter contre cet orgueil dévorant, les sœurs Williams se sont inventé une désinvolture de façade. Elles font grand cas des cours de mode qu'elles suivent en Floride. Je pense qu'elles cherchent à minimiser leurs éventuels échecs et à donner encore plus de valeur à leurs multiples succès. Même les sommes d'argent colossales qu'elles amassent leur sont un sujet de plaisanterie. Et quand un journaliste demande à Serena comment elle va fêter sa victoire à l'US Open, c'est Venus qui répond : « Avec sa carte de crédit ! » Rires assurés, le show est rodé. Le tennis féminin ne s'est jamais aussi bien porté. Presque tous les indicateurs sont à la hausse. Le public, qui aime la diversité, apprécie que, sur les neuf derniers tournois du Grand Chelem disputés, aucune joueuse n'ait réussi à en gagner deux de suite.

C'est un film à grand spectacle, avec stars en pagaille et effets spéciaux. Rien à voir avec le scénario prévu par la WTA au début des années 1990, qui consistait à recréer la rivalité Evert/Navratilova avec le tandem Graf/Seles. Cette mise en scène allait se révéler dramatique. Le 30 avril 1993, à Hambourg, d'un coup de poignard dans le dos, un Allemand de trente-huit ans allait non seulement bouleverser la vie de Monica Seles alors numéro 1 mondiale, mais aussi porter à l'ensemble du tennis féminin un coup qui aurait pu se révéler mortel. Aucune joueuse n'avait suffisamment de notoriété pour reprendre le rôle. Les tournois n'avaient plus qu'une seule tête d'affiche.

Heureusement, aux alentours de 1996, la conjoncture est redevenue plus favorable avec les débuts de Martina Hingis, un nouveau rôle pour Seles revenue se mesurer à son propre spectre et une kyrielle de nouveaux visages. L'attitude des joueuses à l'égard de Seles a été critiquée. Elle peut en effet paraître cruelle. Surtout quand on voit Monica à présent, anéantie par ses malheurs, en particulier la mort de son père dont elle se remet mal. Franchement, je ne serais pas surprise qu'elle arrête d'ici peu. Son tennis est une telle débauche physique et mentale ! Sa technique est si sommaire et sa volée si faible qu'elle est condamnée à puiser toujours plus profondément dans ses réserves. Elle se blesse de plus en plus souvent. Elle n'a plus la même hargne... Bien sûr, nous aurions dû avoir plus de pitié, mais il faut replacer notre attitude dans son contexte. Lorsqu'elle a été agressée, mes parents m'ont appelée, affolés, pour m'annoncer la nouvelle et m'apprendre qu'elle était légèrement blessée mais surtout choquée. Une fois rassurée, j'ai davantage pensé au fait qu'un dingue puisse commettre un tel geste uniquement parce qu'il était fan de Steffi qu'aux conséquences sur la vie personnelle de Monica. Il faut bien reconnaître qu'à l'époque personne n'aimait cette dernière. Et l'indifférence relative que lui témoignèrent la plupart des joueuses ne fut jamais que le retour de bâton de son attitude passée à leur égard. Je suis persuadée que, si le même accident était arrivé à Steffi, les joueuses se seraient mobilisées. Mais Monica était une vraie tueuse. Et chichiteuse avec ça ! On avait franchement l'impression qu'être la numéro 1 mondiale était pour elle une question de vie ou de mort. Tout le monde lui reprochait encore le fameux « coup du bouquet » à Roland-Garros où elle était arrivée sur le central, des fleurs dans les bras à présenter au public, avec l'innocence d'une adorable gamine, alors que bouillonnait en elle la rage d'un pitt-bull. Je n'ai pas éprouvé la moindre compassion à son égard sur le moment alors que j'en ai aujourd'hui car elle est devenue « humaine ». En revanche, ce qui m'a beaucoup touchée, et cela dès l'annonce de la nouvelle, c'est qu'elle ait pu être agressée à l'intérieur des limites d'un court, le seul endroit à l'évidence où elle était vraiment heureuse, où elle se sentait totalement à l'abri. J'avais toujours eu moi-même l'impression que le court était un lieu inviolable où je pouvais tout contrôler, et le fait que la « vraie vie » puisse nous y rattraper fut pour plusieurs d'entre nous une révélation extrêmement choquante.

A la vitesse imposée par Seles, Hingis a ajouté une intelligence de jeu qui manquait cruellement dans le Top Ten depuis le retrait de Martina Navratilova. Elle a remis au goût du jour le sens tactique, poussant des joueuses dans mon style à se servir de toute l'étendue de leur palette technique pour contrer les cogneuses.

Je me souviens qu'à cette époque je trouvais le tennis un peu ennuyeux. J'imagine ce qu'il pouvait en être pour le spectateur moyen !

Le don premier de Martina Hingis est sa capacité à jouer avec la balle. Elle a le court dans l'œil, comme ces malades de game-boys qui gravent dans leur subconscient le cadre des jeux qu'ils préfèrent. Ils visualisent si parfaitement cet espace virtuel qu'ils pourraient jouer les yeux fermés. Pour Martina c'est exactement la même chose. Elle s'est donné les moyens techniques, même s'il lui manque un peu de relâchement pour faire avancer la balle encore plus vite. Elle est dotée d'un mental exceptionnel qu'elle cultive depuis sa plus tendre enfance. Elle a toujours entendu sa mère lui dire qu'elle était la meilleure. Elle ne s'est jamais posé de questions.

Son rêve ? Faire coup double dans un tournoi du Grand Chelem : battre les deux Williams d'affilée, ou bien une des Williams et Davenport.

D'une certaine manière, ce qui se passe aujourd'hui à l'intérieur du Top Ten n'est pas si éloigné de ce qui s'y passait il y a une quinzaine d'années. Les filles ne se font pas de cadeau. La concurrence entre elles est énorme. J'imagine que c'est pareil chez toutes les élites. Mais si la mise en scène est devenue plus hollywoodienne, l'émulation sportive demeure la même. Seul bémol à ce parallèle : par le passé, un acquis technique entraînait immédiatement un gros écart entre deux joueuses. Le même aujourd'hui ne produit qu'un avantage de courte durée. Ce qui compte par-dessus tout est le respect de cette règle d'or : « Ne jamais commettre deux fois la même erreur. »

Ce qui a changé, en revanche, c'est le nombre et le niveau des joueuses qui frappent à la porte de notre Top Ten. Il y a plus de filles qui rêvent aujourd'hui de devenir Martina Hingis qu'il n'y en avait se voyant dans la peau de Chris Evert. Et l'on sent que la pression vient de loin, que la base est solide et la vague puissante comme un raz de marée. L'appât du gain de certains parents ne fait qu'amplifier le phénomène. Elles sont bien une vingtaine derrière nous à pouvoir nous prendre notre place en quelques semaines. Mais si j'ai tendance à ressentir cette concurrence oppressante avec acuité, si Davenport en a également conscience, des filles comme Hingis ou les sœurs Williams ne veulent même pas en parler. Face à Hingis en demi-finale de l'US Open 1999, j'ai cru que Venus allait faire pipi dans sa culotte tellement elle avait peur ! Mais ça, elle ne voudra jamais l'avouer. Parce qu'une réputation, ça se construit comme une forteresse. On ne doit jamais avouer sa peur.

Et elles sont aussi plus nombreuses à vouloir passer de l'anonymat aux unes des magazines que des courts annexes aux sunlights du central. Ce qui fait dire à juste titre à Billie Jean King que les joueuses actuelles consacrent beaucoup plus de temps à la promotion de leur propre image qu'à celle du tennis féminin.

En 1997, la rencontre des joueuses les plus influentes avec le célèbre producteur américain Arnold Milchan (*Pretty Woman*) les encouragea d'ailleurs dans ce sens. Ayant acquis les droits TV du circuit féminin pour une somme dérisoire en comparaison de son potentiel médiatique (cinq millions de francs par an), cet homme d'affaires averti entreprit d'inonder le monde entier d'images de tournois féminins. Soupçonnant, pour les avoir reçues sur son yacht au large de la Côte d'Azur, le côté glamour qui sommeillait sous l'apparente discrétion de certaines joueuses de la nouvelle génération, il les encouragea à se comporter comme des stars de cinéma.

Le genre de recommandation qu'une fille comme Anna Kournikova n'eut pas à se faire dire deux fois et qui séduisit de nombreuses autres joueuses, à commencer par Martina Hingis qui ne déteste pas les strass et les robes fendues. Ajoutons qu'à la même époque, les nostalgiques des Noah, Connors, Becker et McEnroe, faute de pouvoir tirer un mot d'esprit à Sampras ou à Kafelnikov, pleuraient avant l'heure la dépouille d'Agassi, et vous comprendrez pourquoi l'attention des agents se porta rapidement sur les joueuses. Un an plus tard, Venus Williams, véritable bombe à mèche courte, obtint à seize ans une *wild card*[1] dans les qualifications du tournoi d'Indian Wells. Classée 211e dans la hiérarchie mondiale, elle s'offrit le luxe d'y battre sa première Top Ten, Iva Majoli. Cinq mois plus tard, pour sa pre-

1. *Wild card* : carte d'invitation sauvage. Sorte de « passe-droit » offert par les organisateurs de tournois.

mière participation, elle parvenait en finale de l'US Open. Déclaration blasée du père du phénomène : « Attendez, ce n'est rien à côté de Serena, sa petite sœur. »

Prophétie vérifiée puisque c'est Serena qui remporta le premier titre de la famille Williams en Grand Chelem, à l'US Open, en 1999, ce qui lui valut de s'entretenir longuement au téléphone avec le président Clinton trop pressé de la féliciter. Le sport féminin le mieux payé de la planète pouvait-il trouver meilleure caution ?

Après le coup d'accélérateur donné par Seles, le tennis féminin subissait donc une deuxième secousse avec la puissance au carré des sœurs Williams, accompagnée d'une déflagration médiatique qui se nourrit chaque jour d'anecdotes piquantes.

De plus en plus connotées « sexe » d'ailleurs, ce que déplorait récemment Martina Navratilova dans le magazine américain *Tennis*. Elle trouve, et je partage son opinion, qu'il se passe assez de choses intéressantes sur les courts sans aller puiser dans les petites amourettes des unes et des autres. Mais le business-glamour bat son plein, avec l'approbation tacite des dames de la WTA.

Comme dans les années 1970, l'esthétique et le charisme l'emportent encore sur les performances sportives, et on ne risque pas d'inverser le phénomène aussi longtemps que le box-office classera Kournikova devant Davenport uniquement parce qu'elle est plus jolie. Aujourd'hui les réflexions inspirées du dessin animé « coquin » South Park ou les messages d'autopromotion émis par certaines joueuses du genre : « Je ne crois pas que vous ayez eu droit ce soir à la flamboyante et adorable Serena que vous avez l'habitude de voir » font plus parler du tennis féminin que les exploits réalisés sur le court. Franchement, je regrette que la médiatisation prenne tant le pas sur le jeu, même si je suis bien obligée d'admettre que le système profite à toutes les joueuses. Mais n'oublions pas que c'est en faisant évoluer notre jeu que nous avons conquis le public, les médias, les sponsors ou même les joueurs, et jusqu'à Agassi qui n'a pas attendu de tomber dans les bras de Steffi Graf pour nous considérer comme des athlètes.

Les vannes de Krajicek, Cash ou Rosset, si désobligeantes à l'égard des femmes au début des années 1980, les feraient passer aujourd'hui pour des ringards. Nous avons fait évoluer les mentalités. La victoire éclatante de Lindsay Davenport en Australie en janvier 2000 face à Martina Hingis a relancé le combat. Les observateurs ont occulté le côté « balourd » qu'ils reprochaient à Davenport. Et quand Hervé Duthu, avec qui je commentais les matches, a présenté pour la première fois Davenport comme une « athlète », j'ai bu du petit lait. Mon rêve, c'est qu'on admire cette fille pour ce qu'elle est.

Aujourd'hui, Lindsay s'attaque à un challenge intéressant pour elle-même et pour tout ce tennis féminin qu'elle semble remonter à contre-courant. En triomphant de Hingis, des Williams ou de Kournikova, elle peut faire triompher l'art du jeu sur le show et faire admettre l'idée que, dans la vie, il n'y a pas que le glamour qui compte. Il y a aussi la personne, sa façon d'être et son mérite. Une manière en somme de ramener les baby-dolls de l'an 2000 à la raison des temps héroïques du Women's Lib'.

3

Qu'as-tu fait, Martina ?

Sur le devant de la scène, une femme épanouie,
Steffi Graf, adulée et comprise, sur le point de tirer
sa révérence. A côté d'elle, une jeune fille meurtrie,
humiliée, Martina Hingis. Roland-Garros 1999
s'achève dans un tourbillon d'émotion qui s'est
engouffré dans les vestiaires. J'y étais.

Si je ne cache pas mon admiration pour Steffi Graf,
j'avoue que j'aime aussi beaucoup Martina Hingis,
même si elle est parfois maladroite. Sa mère, Mme Molitor, est une personne intelligente et gentille qui m'a
appris pas mal de choses, en particulier que lorsqu'on
fait un travail à fond on obtient des résultats. C'est là
son seul credo. Martina est comme moi. Quand elle
explore une nouvelle piste, elle le fait toujours jusqu'au
bout. Si ça passe tant mieux, sinon tant pis, mais au
moins elle avance en confiance. J'ai vu tant de joueuses
« moyennes » tenter des coups sans conviction, les
abandonner, les reprendre sans jamais savoir à la fin ce
qui était bon ou mauvais pour elles ! Martina, elle, sait.
Et cela la rend plus forte. La tâche de Mélanie, sa mère-
coach, s'apparente à un travail d'orfèvre. D'étape en
étape, celle-ci malaxe la matière brute, la tord, la travaille, la sculpte et la polit. Elle n'a pas de limites. Pas
d'œillères. Elle ne perd pas un instant, mais sait prendre
tout son temps pour agir dans l'ordre des urgences.

Les progrès interviennent généralement deux mois après le début des « travaux ». C'est ainsi que, depuis qu'elle est arrivée au sommet, Martina a d'abord appris à prendre la balle plus tôt, puis à améliorer la qualité de ses frappes, à mettre plus de poids dans ses balles, puis à corriger son service... Ses progrès sont impressionnants pour qui les mesure régulièrement comme on regarde pousser une plante.

Les solutions sont parfois un peu bâtardes, mais Mme Molitor a le mérite de ne jamais laisser un problème installer le doute dans le cerveau de sa fille. En fait, chaque fois que j'ai mis le doigt sur un défaut de Martina en pensant qu'il pourrait limiter sa progression (et que je pourrais alors l'exploiter à mon avantage), quelques semaines plus tard, comme par enchantement, le défaut repéré, isolé, examiné et corrigé disparaissait ! Quand Martina m'a battue à Zurich l'an dernier en trois sets très accrochés, Mélanie est venue me féliciter et me dire combien elle avait tremblé pendant ce match. Je suis sûre qu'elle était sincère. Je sais qu'elle aime bien mon jeu. Même quand je ne m'entraîne pas avec sa fille, elle vient me voir travailler mon service ou ma volée. Notre style de jeu et notre morphologie nous ont rapprochées, Martina et moi, comme si nous avions besoin de nous serrer les coudes pour mieux défendre les mérites de la stratégie face à la puissance mécanique.

C'est pourquoi lorsqu'elle est entrée sur le court pour affronter Steffi Graf en finale de Roland-Garros l'année dernière mon cœur balançait. Je commentais le match en direct de la cabine d'Eurosport avec le sentiment que Martina allait gagner. Qu'elle allait tourner symboliquement la page sur le chapitre Steffi et, qu'au fond, tout cela était bien naturel. Bien sûr, c'était sympa d'imaginer une sortie triomphale pour Steffi, et je le lui souhaitais également en mon for intérieur, mais tout semblait concourir à un triomphe de la Suissesse prête à remporter, à dix-neuf ans, son septième titre du Grand Chelem.

Martina prit d'ailleurs assez rapidement le contrôle du match devant un public plutôt neutre, en pratiquant un jeu solide physiquement et mentalement. J'imagine qu'après le premier set elle dut se voir sur le podium, mais contre toute attente Steffi éleva son propre niveau et Martina commença à trinquer physiquement, mettant au grand jour une de ses rares faiblesses. Cette résistance imprévue de la part de Steffi prit une ampleur démesurée lorsqu'un incident d'arbitrage survint à 2-0 en faveur de Martina au deuxième set. Sentant bien que chaque jeu était de plus en plus difficile à gagner, Martina devait éprouver le sentiment que chaque point devenait de plus en plus cher, et l'idée qu'on puisse lui en voler un la rendit folle.

Honnêtement, ce point n'était pas si important. Et, plus tard, Martina réussit même à mener 3-1, puis 3-2 balle de 4-2. Mais comme elle manquait cruellement de lucidité à cause de la fatigue, elle eut soudain un comportement de petite fille gâtée, rebelle, incapable d'évaluer la véritable importance de l'incident.

Comme une gamine tape du pied quand on lui résiste, elle s'est dit : « Non ! Ma balle est bonne, et je vais vous le prouver ! » Elle se rendit d'un petit pas nerveux de l'autre côté du filet où Steffi, stoïque, avait décidé de « jouer » l'arbitre comme cela se fait couramment, et c'est à ce moment précis que Martina perdit complètement les pédales. J'ai dit : « Hingis est sortie du match, Graf va gagner. » Ce sont des choses que l'on sent. Martina avait commis une erreur, Graf en avait profité pour faire chavirer le public en sa faveur, et Martina ne l'a pas supporté. Quand le match s'est terminé, j'étais toujours aussi partagée. Contente pour Steffi et admirative du tennis qu'elle avait pratiqué en même temps que j'étais triste pour Martina qui pleurait dans les bras de sa mère. Son chagrin était presque le mien. Et puis je l'ai trouvée très digne quand elle a réapparu après avoir tenté de fuir. Le « coach » Mélanie avait cédé la place à une maman réconfortante et attentionnée. Elle avait su trouver les mots. C'est ce qui a permis à Martina de sauver la face alors qu'elle était vraiment au fond du gouffre, capable de la pire insulte au protocole, ce qui aurait souillé son palmarès d'une tache indélébile.

J'ai reparlé de ce triste épisode avec Mélanie, l'été dernier, pour tenter de comprendre comment Martina avait pu ainsi « péter un plomb ». Elle me fit cette réponse : « J'ai été moi-même très surprise de la voir se mettre dans un état pareil. J'avais beau lui dire "joue, joue, joue", elle n'écoutait plus. Il ne faut pas oublier que, sur le court, elle est seule, libre de décider de son sort. Je lui donne des indications tactiques, mais si elle ne veut pas les suivre, elle ne le fait pas, et je ne peux rien pour elle. Elle s'est polarisée sur cette balle et n'a plus rien vu d'autre. »

Quand Martina s'est échappée vers les vestiaires, un journaliste de télévision a eu des mots très durs à son égard, exprimant sans doute ce qu'une grande partie du public ressentait. Moi, je n'avais pas envie de la « tailler ». Elle était blessée dans son orgueil, dans son amour-propre, je le savais, et je ne me serais pas autorisée à dire : « Hingis s'est comportée, comme une enfant capricieuse. » D'ailleurs je ne le pensais pas. Je lui trouvais mille excuses. Elle voulait tellement ce titre ! C'était le seul qui lui restait à gagner.

Une fois l'émotion retombée, je rentrai aux vestiaires où Steffi Graf, toujours devant son casier fétiche, le n° 19 — dont les organisateurs de Roland-Garros allaient lui offrir la porte en bois comme cadeau d'adieux au Madison Square Garden —, terminait de se rhabiller. Selon son habitude, elle était allée se doucher à mille à l'heure. Elle se trouvait avec sa meilleure copine sur le circuit, « Gorro », Ines Gorrochategui, une Argentine de Cordoba qui avait l'air encore plus heureuse que la gagnante elle-même. Je félicitai chaleureusement Steffi : « C'est beau ce que tu as fait ! — Merci, Nathalie, me répondit-elle, radieuse. C'est vrai, j'ai super bien joué. » Quelques pas plus loin, devant mon propre casier, j'aperçus Martina debout, de dos, tout près de sa mère assise, silencieuse, tête basse. Elles avaient l'air de deux naufragées dans le silence mortel qui suit le passage d'un cyclone. Martina se retourna et leva ses yeux rougis vers moi. « Mais qu'est-ce que tu as foutu, Martina ? » lui dis-je gentiment. Elle est tombée dans mes bras en pleurant comme une madeleine. « Arrête de pleurer comme ça, tu vas me faire pleurer aussi ! Dis-moi, pourquoi es-tu allée discuter ce point ?

— J'étais sûre qu'elle était bonne, me dit-elle. Et puis le public français ! Franchement, je ne comprends pas...

— Le public, Martina, il a réagi en fonction de ta propre attitude.

— Mais ma balle était bonne !

— Tu as raison, mais c'est quoi un point dans un match ?

— Nat, j'étais sûre que ce titre était pour moi, j'en avais le pressentiment, et maintenant je crois que je ne gagnerai jamais plus Roland-Garros.

— Ecoute Martina, lui dis-je de mon ton le plus sévère, maintenant, tu arrêtes tes bêtises ! Tu ne vas pas me faire croire qu'à dix-neuf ans, avec le talent que tu as, tu ne vas pas gagner un jour ici ! Ne t'inquiète pas, tu auras ton heure, j'en suis sûre. »

J'ai appris plus tard par la presse qu'elle était si sûre d'elle qu'elle avait préparé la robe qu'elle porterait le soir même pour fêter sa victoire. Un tel geste paraîtra sans doute prétentieux à certains, mais pour elle, c'est normal. Elle fait partie de cette catégorie de filles qui ont été élevées dans le culte de la victoire, tout comme les sœurs Williams. La défaite n'existe pas dans leur mode de pensée, alors que, par exemple, une fille comme Davenport intègre cette éventualité de manière rationnelle. C'est ainsi que, l'année précédente, elle a dû faire ouvrir un magasin de Londres un dimanche (il avait plu le samedi) pour se trouver une robe de gala afin d'ouvrir le bal de Wimbledon avec Pete Sampras après avoir battu Steffi !

En quittant Martina dans les vestiaires de Roland-Garros, je lui demandai de me faire une faveur : battre avec Anna (Kournikova) les terribles sœurs Williams en finale du double dames. Martina et Anna nous avaient battues, Alex (Fusai) et moi, 6-4 au troisième set en demi-finale, et j'avoue que dans ces cas-là je préfère toujours que mon vainqueur remporte l'épreuve. Mais il était dit que la chance fuirait Martina Hingis cette année-là à Roland-Garros...

Je l'ai retrouvée une semaine plus tard, à Eastbourne, apparemment sereine, sourire mutin, comme si rien ne s'était passé. En short tout au long de la journée, elle semblait prendre plaisir à jouer au foot avec sa copine Anna Kournikova. Face à la presse, vêtue d'une simple robe de soie mauve très courte, elle expliqua, convaincante, qu'elle avait totalement récupéré de sa disgrâce et qu'elle entendait bien prendre sa revanche à Wimbledon.

Récupéré ? Rien du tout ! Séparée de sa mère, exceptionnellement absente des courts « pour convenances personnelles », Martina se fit étendre par la jeune Jelena Dokic au premier tour (6-2, 6-0). Il y avait dans l'ombre un jeune joueur, Ivo Heuberger (vingt-trois ans, 198e mondial), qu'elle avait rencontré à la Hopman Cup six mois plus tôt. Elle a bouclé ses valises, y a enfoui un maillot de bain, a pris le premier avion avec son nouvel amoureux, et « Tchao les gars, A moi la belle vie ! ». Une semaine plus tard, on la retrouvait en double page dans les magazines du monde entier riant dans les bras du jeune play-boy suisse.

Quand je l'ai revue à San Diego, la métamorphose était totale. Réconciliée avec sa mère, elle semblait beaucoup plus athlétique, plus affûtée, plus mordante aussi.

Amoureuse, Martina ? A l'évidence, elle s'était remise au travail. Je lui ai demandé des nouvelles de son fiancé. Je les trouvais tellement mignons tous les deux quand ils se cachaient à Miami de peur de déclencher un cataclysme de même force que celui qui s'était abattu sur la championne à la présentation de son premier fiancé. Réponse définitive et sans appel de Martina : « C'est fini ! Il était trop jeune. »

Je crois que le secret des filles du Top, c'est leur capacité à cloisonner leur vie ou à éliminer ce qui nuit à leur tennis. Jusqu'à l'âge de seize ans, Martina a tout accepté de sa mère. Puis, peu à peu, elle a commencé à remettre certaines choses en question. Et, enfin, elle a cherché à échapper aux habituelles tensions « mère-fille » toujours exacerbées par la haute compétition. Elle a voulu quitter le système trop brutalement, changer tout. Mais elle s'y est mal prise. Aujourd'hui, elle s'est remise sur les bons rails, et il va maintenant falloir que sa mère sache également évoluer dans sa manière de lui parler, sous peine de provoquer une rupture plus grave. En Australie, ceux qui étaient dans le coin ont entendu le savon que Mélanie Molitor a passé à sa fille après sa défaite contre Amélie Mauresmo à Sydney. Martina avait été incapable de contrer le lift puissant d'Amélie. Certes. Mais je ne sais pas combien de temps Martina acceptera ce genre de relation. Ce dont je suis certaine, en revanche, c'est qu'elles perdraient énormément toutes les deux en allant jusqu'au clash.

4

Bruissements de terrain

A un très haut niveau, la compétition n'est plus qu'une affaire de sensations. Il existe des moments magiques où tous mes sens s'accordent. Alors je m'appuie sur le regard d'un homme choisi au hasard dans la foule. Et je joue mon meilleur tennis. Partition pour un inconnu.

Le tennis nécessite un tel niveau de concentration qu'il est très difficile d'exprimer au public ce qu'on ressent pour lui. Comment d'une certaine manière on utilise son énergie pour se transcender soi-même et quel prix il faut souvent payer pour s'être trop soucié de lui.

Dans la voiture qui nous ramène d'Eastbourne à Londres, le silence est mortel, en cette belle journée de juin 1999. Des paysages verdoyants défilent le long de la route, ajoutant un peu plus de lourdeur à ma mélancolie. Régis fait la tête et moi je m'en veux : « Comment ai-je pu lui faire un coup pareil ? » Je viens de perdre la finale du tournoi d'Eastbourne contre la Bélarusse Natacha Zvereva en trois sets accrochés après avoir mené 6-0, 3-0. Régis ne veut même pas savoir ce que je pense. Il a expliqué à un journaliste de *L'Equipe*, spécialiste mondial du tennis féminin, que j'étais retombée dans mon vieux défaut et que chaque fois que je faisais une acquisition technique, c'était plus fort que moi, il fallait que je préserve mon trésor comme une grand-mère se replie sur son bas de laine. Pour une fois, il se trompait. Je n'avais pas du tout eu peur de perdre mon avance. Au contraire, j'étais sereine, je sentais merveilleusement bien mes coups. Alors ? Que s'était-il donc passé ?

Le petit village de Wimbledon où nous avons loué une maison se profile à l'horizon. J'hésite à confier la vérité à Régis. Si je lui avoue ma faiblesse, il risque de le prendre très mal. Je choisis le secret. Je ne lui avouerai jamais qu'à 6-0, 3-0, j'ai regardé le tableau d'affichage, puis la pendule du court, et qu'en voyant « 24 minutes » de temps de jeu, j'ai pensé : « Nat, sois sympa, fais-la jouer un peu, sinon dans vingt minutes c'est plié et les gens n'en auront pas eu pour leur argent ! » Cinquante minutes plus tard, c'est Natacha qui pouvait frimer avec son trophée et des lunettes de star comme elle seule est capable d'en dégotter. Et moi ? Moi, je n'avais plus que mes yeux pour pleurer. Sûre que si j'avais eu le mental de Monica Seles j'aurais été numéro 1 mondiale !

Pourtant, j'avais assuré toute ma préparation sur un rythme harmonieux. Chaque geste en son temps, chaque chose à sa place. C'est la marque des plus grandes, à mon avis. Leur capacité à s'occuper d'elles-mêmes. Quand je vois des très jeunes pour qui l'entraîneur ou les parents sont aux petits soins : boisson, grip, logo peint sur le cordage, cela me semble plutôt un mauvais signe pour l'avenir de la joueuse. Symboliquement, cela met en évidence un manque total de responsabilité, sans compter que c'est souvent à travers ces gestes dérisoires et routiniers qu'on parvient le mieux à entrer dans cet état second d'où jaillit la concentration absolue.

Pour cette finale, la seizième de ma carrière, je m'étais donc assise du côté de la chaise d'arbitre que j'avais choisi en entrant sur le court. Mais s'il me restait suffisamment de liberté d'esprit pour penser à ce genre de détail, c'est que tout le reste était parfaitement verrouillé. Généralement, quand une fille désire à tout prix s'asseoir d'un côté précis du court, c'est par simple superstition. Ce n'est pas mon cas, ou alors seulement quand tout va très mal dans mon tennis. Parfois, poussée par les convictions étranges de certaines de mes partenaires de double, je me mets à espérer l'intervention d'une extravagante puissance capable de rompre la malédiction. Généralement en vain. Il m'est arrivé par pur désespoir d'aller rechercher une vieille robe « qui avait gagné », de la porter, de perdre un match de plus et de me retrouver encore plus démunie qu'avant ! Mais je reviens assez vite à des pensées plus rationnelles. Je dis toujours que la seule méthode qui vaille quand tout va mal c'est de se réfugier dans le travail.

Quand je pousse loin le souci du détail dans un match, c'est justement que j'ai une vision particulièrement claire de la situation et que tous ces détails scintillent pour former un ensemble harmonieux et rassurant. Je suis à la fois vigilante et détendue. C'est un état génial, car plus la recherche est pointue, plus vous sentez que l'attention que vous portez sur l'objectif à atteindre est importante. Alors je prends possession du court comme un torero de l'arène. Fière et heureuse d'être là. Un coup d'œil circulaire m'indique la « personnalité » de la foule. A Wimbledon, on ne l'entend pas du tout. A Roland-Garros, elle est relativement silencieuse, avec toujours une imbécillité qui fuse précédant des rires que je perçois mais que je me dois de laisser glisser. A Rome, le public est supporter. Il choisit sa favorite et la porte jusqu'où bout, même perdante, du moment qu'elle est courageuse. A New York, on entend les gens manger, boire et s'interpeller d'une travée à l'autre, mais cela ne gêne pas parce qu'on s'y attend.

Si je vois un homme qui me plaît aux premières loges, c'est vrai, je le regarde. Pas fixement car je ne veux pas le provoquer, ni le mettre mal à l'aise. Mais me « servir » de lui est le moyen que j'ai trouvé pour me sentir plus forte, pour me valoriser à mes propres yeux.

Pour lui, je m'applique, et si je vois qu'à travers le spectacle que je lui offre il se régale, alors cela m'encourage encore plus. C'est un jeu bien innocent. J'ai besoin d'être sûre que je fais plaisir aux gens. S'ils applaudissent par réflexe, je sais m'en contenter, mais j'adore quand il se passe quelque chose de plus personnel. Si le public m'encourage par des « Super ! », ou « Allez Nathalie ! » ou tout simplement « Bravo ! » ça me fait un bien fou. Aux Etats-Unis, j'ai beaucoup plus de fans qu'ailleurs, et en plus ils sont très souvent bien plus démonstratifs. Comme je monte au filet avec beaucoup plus d'audace que Serena Williams ou Lindsay Davenport, ils trouvent que cette petite Française si autoritaire est marrante. Alors souvent ils se prennent au jeu : « *Great shot* » ; « *Oh, lovely shot...* »

En posant mes affaires sur la chaise, je procède à un repérage. J'ai besoin de me faire une image du court en désignant des points fixes comme on délimite un territoire sur une carte. Je veux savoir où sont mes proches. Et surtout où est Régis. Tous mes sens sont en éveil. Dès que commence le match, j'écoute la balle. Je joue beaucoup avec les bruits de l'adversaire. Cela me permet de prendre mes appuis, de lire la trajectoire de sa balle et donc de gagner du temps, d'économiser de l'énergie. J'évalue l'amplitude de sa préparation pour prévoir l'effet qu'elle va mettre, je me règle sur sa frappe. Le son de l'impact au moment où la balle s'enfonce dans les cordes agit sur moi comme un déclencheur, et aussitôt je me mets en action.

J'entends aussi Régis. C'est une voix singulière dans ce brouhaha homogène. Parfois il « bêêêêêlle ». Ce qui signifie : « Tu ne te bats pas ! Tu fais le mouton. » L'idée de lui balancer une balle à travers la figure me tente immédiatement. Je me raisonne. Parfois, quand il sent que j'ai trouvé une faille chez l'adversaire mais que j'en doute encore, il crie : « Bats-toi ! bats-toi ! » Quand j'entends ça, j'ai une montée d'adrénaline, j'ai envie d'éclater l'autre ! Le « coaching » est parfaitement interdit, mais tout le monde le pratique sans vergogne. La mère de Martina Hingis est terrible pour ça, et en plus elle parle en tchèque à sa fille pour éviter que les autres ne comprennent. Eric Van Harpen a un contact permanent avec Anna Kournikova. Avec Régis nous procédons beaucoup par signes. Ses doigts sont toujours en mouvement, et même les gestes les plus naturels comme applaudir ou taper le poing dans la main signifient pour moi immédiatement une solution ou une action précises.

Il arrive qu'il y ait des malentendus entre nous. Une fois, il m'a mise dans un état de fureur incroyable parce qu'il n'arrêtait pas avec son index sur sa tempe de me dire — du moins c'est de que je croyais : « Tu es zinzin. » En fait, il m'incitait à réfléchir, convaincu que j'étais proche de trouver la solution par moi-même.

Une autre fois, à Lyon, il y a très longtemps, face à Frédérique Thibaud, une des meilleures joueuses françaises à mes débuts, il me fit le signe « Joue son coup droit » que j'interprétais, incrédule, comme « Monte à la volée », ce qui était précisément la caractéristique principale de mon adversaire. En brave élève obéissante, je me suis employée tout le match à prendre le filet avant elle à la stupéfaction générale.

Si, dans mes débuts, ce n'était pas trop mon truc, je pratique aujourd'hui ce type de jeu en permanence et presque sans réfléchir. Et je me régale tout en regrettant parfois le bon vieux tennis « de papa ». J'aimais bien manipuler mes adversaires, jouer en contre, jouer tactique, et puis hop, piéger l'autre sur un contre-pied, la cueillir sur une petite volée inattendue. C'était assez grisant. Maintenant tout va si vite ! Vous faites un beau point et, le temps de l'apprécier, vous vous en êtes déjà pris deux. Et rien qu'avec deux petits points de retard, vous pouvez parfois vous retrouver à la rue en cinquante secondes. Le tennis moderne ne laisse pas la moindre chance aux « artistes ».

5

Ceux par qui le scandale arrive

Trois facteurs interviennent dans la popularité du tennis féminin, en dehors de la qualité du jeu pratiqué : la beauté de certaines joueuses, l'argent qu'elles gagnent très jeunes, et le scandale qui les accompagne. Ce sont souvent des pères irascibles qui les provoquent. Et pourtant, tous n'ont pas mauvais fond.

Les gazettes regorgent d'anecdotes sulfureuses concernant les pères de joueuses présentés comme des fous furieux qu'il faut encadrer de body-guards, ou comme des despotes incontrôlables. Malgré quelques cas effectivement dramatiques, cela relève tout de même de la caricature.

Bien sûr, des parents qui ont rêvé la vie de leurs enfants ont pu avoir des attitudes extrêmes. Et le plus souvent ces parents-là ont décidé de l'avenir de leur fille avant même qu'elle soit en âge de prendre des décisions raisonnables, et peut-être même avant qu'elle ne voit le jour puisque les journalistes chargés du cas Williams — méfions-nous tout de même des belles histoires à l'américaine comme les télés en raffolent — rapportent que Richard et Oracine, déjà parents de trois filles, Isha, Lyndrea et Yetunde, auraient conçu Venus et Serena dans le but avoué d'en faire des championnes de tennis. M. Williams étudiant le tennis sur cassettes vidéo, pendant que Mme Williams pouponnait.

Je constate que, en dehors de quelques dérives malheureuses et très médiatisées, la plupart des parents que je côtoie sur le circuit tentent vraiment de faire de leur mieux. Ils aiment profondément leurs enfants et espèrent les voir se réaliser à travers le tennis. Observez l'attitude des parents Williams à l'égard de Venus et Serena : ils les adorent, et, croyez-moi, la confiance des deux sœurs est le fruit de cet amour parental.

En revanche, Andrea Jaeger eut, quant à elle, à souffrir des ambitions de son père. Finaliste à Wimbledon en 1983 (battue 6-0, 6-3 par Martina Navratilova), on l'avait, paraît-il, surprise à rayer des voitures de luxe avec du verre brisé. Elle a arrêté sa carrière très jeune pour se consacrer corps et âme à une association pour enfants en difficulté en plein cœur du Montana où elle vit au milieu de la nature, des gosses et des chevaux. C'est là-bas qu'elle donne tout l'amour qu'elle n'a pas reçu. Et je trouve formidable qu'elle s'en soit sortie. Récemment au Masters, elle a déposé dans chacun de nos casiers une petite peluche Husky, symbole de son association, pour se rappeler à notre bon souvenir.

J'ai de l'admiration, je l'ai dit, pour la mère de Hingis, mais que dire de Mme Maleeva qui a placé ses trois filles dans le Top Ten entre 1985 et 1995 ? Partie de rien dans un pays, la Bulgarie, de grande culture tennistique, mais sans appui, elle a tout donné à ses filles pour les aider à extraire le meilleur d'elles-mêmes. Manuela, Katarina et Magdalena ont mené trois carrières exemplaires où elles se sont régalées. Elles ont en outre cumulé rien qu'en *prize-money* (gains dans les tournois, hors contrats pub) quelque sept millions de dollars ! De quoi vivre libres jusqu'à la fin de leurs jours. On disait d'elles qu'elles avaient toujours l'air triste. Comme si elles étaient aux travaux forcés ! Quand je les rencontre, elles ne me donnent pas l'impression de sortir d'un goulag !

Mais de ces mères-là on ne parle guère.

Il existe aussi des parents terribles qui accomplissent néanmoins de grandes choses. Je crois qu'il faut se méfier des jugements à l'emporte-pièce. Le père de Steffi Graf, par exemple, a eu des démêlés avec la justice. Cela n'ôte rien à son mérite sportif initial et à l'amour dont il a entouré Steffi.

Tout le temps de son absence, on a senti qu'elle souffrait, et on l'a trouvée admirable de surmonter ainsi son chagrin. Contrairement à ce qui a été raconté, surtout dans la presse populaire du monde entier, je ne crois pas qu'il lui ait fait du mal. Le père de Mary Pierce a, en son temps, également défrayé la chronique. Et Mary, après des années de silence, commence tout juste à renouer des liens avec lui. Tout le monde disait qu'il battait sa femme et sa fille. C'était même écrit dans les journaux, avec déclarations à l'appui, notamment celles de Mme Pierce. Moi, je dois l'avouer, j'ai toujours eu un bon contact avec Jim Pierce. Son objectif était que sa fille réussisse, et elle a réussi. Donc il a réussi.

Avec Régis nous parlions souvent avec lui. Nous le trouvions sympathique. Nous étions curieux de comprendre comment des parents sans aucune compétence tennistique pouvaient « fabriquer », pratiquement sans aide extérieure au plan technique, de grands champions, à l'image des pères de Seles ou des Williams, purs autodidactes. Ces parents-là sont ambitieux pour leurs enfants. Ils ne leur fixent aucune limite, leur répètent dès le plus jeune âge qu'ils sont les meilleurs. Education à l'américaine en parfaite opposition avec le respect de nos vieux principes de hiérarchie. Ils leur apprennent très tôt à prendre des risques. Mais, en même temps, ils évaluent ces risques de telle sorte que leurs enfants soient toujours en confiance. Mais, pour eux-mêmes, ces parents sont très humbles. Ils arpentent les clubs à la recherche de nouvelles connaissances techniques. Qu'ils ajoutent petit à petit à l'unique principe de base qu'ils ont choisi pour leur enfant : la balle prise très tôt pour Monica Seles, la puissance aveugle pour Mary Pierce et les sœurs Williams, l'anticipation à la manière du jeu d'échecs pour Martina Hingis, etc. Ils disent parfois des bêtises, se font critiquer de tous les côtés, mais ils s'en moquent ! Autour d'eux d'éminents spécialistes construisent des fusées supersoniques qui ne fonctionneront peut-être pas ou exploseront en vol sans qu'ils sachent jamais pourquoi. Tandis qu'eux, animés d'une passion sans pudeur et d'un vieux tournevis, ils font monter leurs filles dans un gros camion, et en avant pour le haut niveau ! Ils vont au bout de leurs rêves, écrasant tout sur leur passage. Ils ont décidé que c'était comme ça, et personne ne peut les arrêter.

Si j'ai autant de considération pour Régis de Camaret, c'est qu'il a réagi aux attaques extérieures comme ces parents-là, en misant tout sur la technique et le relâchement. Il se faisait massacrer par les entraîneurs français les plus réputés. Un jour, il s'est interrogé : « Est-ce que je crois vraiment en ce que je fais ? » Il a répondu par l'affirmative, il m'a fait monter dans le camion, et on a cessé de prêter l'oreille aux persiflages.

Pour en revenir au père de Mary, c'est sûr qu'il n'a pas fait dans la dentelle. Il s'est toujours battu, et Mary est comme lui, elle se bat. Elle est dans un système de jeu monolithique en dehors duquel elle montre quelques maladresses, mais elle est très forte mentalement. Chaque défaite n'est qu'une péripétie pour elle, un stupide accident, un événement qui n'aurait jamais dû se produire puisque « papa » a dit qu'elle était la plus forte du monde.

Bien sûr, son père aurait pu choisir des méthodes un peu plus douces.

Je l'avais revu à Delray Beach après sa spectaculaire expulsion du circuit au début des années 90. Il me confia que tout le cirque qu'il avait fait c'était parce qu'on lui avait demandé de le faire. Que c'était bon pour Mary en termes de retombées médiatiques. J'étais bien perplexe, mais en même temps, qui croire ? Il m'a dit un jour, « je passe pour le grand méchant loup alors que j'ai tout investi sur ma fille et qu'aujourd'hui il ne me reste plus rien ». C'était un bosseur qui a inculqué le goût du travail à sa fille et, à cet égard, j'estime que Mary peut quand même lui dire merci.

Jim Pierce n'avait pas la discrétion d'un Marat Zvereva, le papa-coach de Natacha qui, lui aussi, a fait du bon boulot, mais sans jamais faire d'esclandre. Natacha, c'est un cas à part dans le tennis. Elle est arrivée de Minsk un beau jour en compagnie de son père qui ne parlait pas un mot d'anglais. Et il n'a guère progressé depuis. Quand on se voit, on s'appelle « Kamarad ! » et on rigole toujours parce qu'il est très gai, très marrant. Il a enseigné un jeu à base de lift à sa fille. Depuis toute petite elle a énormément travaillé pour y arriver. Elle était très douée, mais à un certain moment de sa carrière elle a un petit peu « pété les plombs ». Elle a voulu profiter de la vie occidentale. Peut-être a-t-elle voulu chasser le souvenir cuisant de sa défaite 6-0, 6-0 en finale de Roland-Garros contre Steffi en 1988 ? En tout cas, elle s'est choisi une voie qui lui convenait, avec la bénédiction de son père. C'est une fille touchante, très sympa, à l'opposé de l'archétype du circuit actuel. Elle n'est jalouse de personne. Quand elle en a assez de cette vie, elle enfile une robe et elle va danser. Elle s'éclate toute seule sur la piste d'une boîte de nuit et rentre à l'aube en rigolant. C'est une bonne vivante qui met de l'ambiance partout où elle passe. Elle ne s'est jamais pris la tête avec le tennis, ce qui ne l'a pas empêchée d'être 5e mondiale en simple, numéro 1 en double (soixante-dix-sept titres, dont six consécutifs qui lui valurent un Grand Chelem), et d'accumuler près de huit millions de dollars en *prize-money*, soit la onzième plus belle fortune de l'histoire du tennis féminin (Graf est la première avec près de vingt-deux millions de dollars).

Le cas de Zvereva et de son père est là pour prouver joyeusement qu'il n'y a pas que des monstres parmi les parents de joueurs.

Mais que dire de Mirjana Lucic qui a renvoyé son père

pendant Wimbledon, il y a deux ans, dans des conditions rocambolesques ? D'Alexandra Stevenson, dont l'identité du père, le célèbre basketteur américain, Julius Erving, est restée secrète jusqu'au moment où elle a atteint la 1/2 finale de Wimbledon en 1999 ?

De Jelena Dokic dont le père s'est fait sortir *manu militari* à Birmingham l'an dernier et qui a refait des siennes en Australie en début d'année en se bagarrant avec un caméraman ? Là, en effet, on se trouve devant des cas extrêmes.

La première fois que j'ai vu Mirjana, c'était au tournoi de Strasbourg en 1997. Issue des qualifications, elle m'a battue en quarts de finale, puis elle a évincé Judith Wiesner en demi avant d'échouer contre Graf, comme en demi-finale à Wimbledon, en 1999.

Elle avait quatorze ans — j'en doutais vu son gabarit — et un père qui se montra exécrable tout au long de la partie. Dès que sa fille perdait un point, il l'insultait, et quand je réussissais un beau coup, il m'applaudissait outrageusement. Je trouvais ce comportement tellement grotesque que, évidemment, je finis par m'énerver et perdre le match. J'étais furieuse. Depuis les tribunes, il exultait comme si sa fille venait de remporter le 100 mètres aux jeux Olympiques. Je n'avais qu'une hâte, quitter le club au plus vite et fuir le souvenir de cette triste parodie de match. Par la suite, j'ai appris qu'elle vivait aux Etats-Unis avec sa mère et ses sœurs, sans son père.

Avec Dokic, originaire des Balkans et Australienne d'adoption, tombeuse de Hingis à Wimbledon l'an dernier, les problèmes viennent non seulement du père mais aussi d'elle-même, comme en témoigne cet épisode des derniers championnats d'Australie. Après avoir déclaré puis démenti que les tableaux des tournois étaient truqués, elle a écopé d'une amende de deux mille cinq cents dollars pour être allée prier dans une église afin de « demander à Dieu d'être une meilleure joueuse ».

Ce ne sont pas ses convictions religieuses qui ont été

mises en cause, mais le fait qu'on l'attendait au même moment à la conférence de presse d'après-match à laquelle toutes les joueuses sont tenues d'assister quel que soit leur degré de frustration (et Dieu sait si parfois c'est dur d'affronter la presse). Une fois installée face aux journalistes, elle sortit un petit pense-bête sur lequel elle avait inscrit quelques notes concernant l'adversaire qui venait de la battre : « Kuty Kis (une jeune Hongroise) n'a jamais été une bonne joueuse, et ne le deviendra jamais. Si les gens me voyaient à l'entraînement, ils verraient que je suis une bien meilleure joueuse qu'elle, et qu'il y a seulement trois ou quatre joueuses au monde qui peuvent me battre. » Dont Kuty Kis, donc ? Bien sûr on nageait en plein délire, mais l'info a fait le tour du monde.

Le cas de Stevenson est différent : elle, c'est sa mère, Samantha, chroniqueuse au *New York Times* qui s'agite à tort et à travers.

Elle défend on ne peut plus mal les intérêts de sa fille, et s'occupe de la médiatisation de cette dernière avec des ficelles grosses comme le poignet. Elle s'oppose à ce qu'Alexandre fasse partie de l'équipe US de Fed Cup parce que Billie Jean King — qu'elle n'a jamais vue qu'en compagnie d'une femme — en est le capitaine. Elle se félicite en revanche que sa fille participe à des paris avec le fameux Bobby Riggs (l'homme qui défia King en 1973 à Houston). Celui-ci aurait placé des billets de cent dollars aux angles des carrés de service quand Alexandra était petite, et lorsqu'elle les touchait, elle avait le droit de les garder. Classe, non ? Moyennant quoi, Alexandra, qui a déjà fait la une de plusieurs magazines (meilleur classement 1999 : numéro 36, à dix-neuf ans), est royalement détestée par tout le circuit. Samantha Stevenson est championne du monde de bourdes. Un jour elle a traité les joueuses de racistes. Calomnies ! Les sœurs Williams, qui sont soutenues aux Etats-Unis par toute la communauté noire, ont essayé de mener ce combat-là, mais elles ont rapidement battu en retraite devant l'absence d'arguments recevables.

Zina Garrison ou Lorie McNeil ne se sont jamais plaintes. Pour avoir passé mon enfance en Afrique, je suis très sensible à ce problème, et si j'avais remarqué un comportement raciste de la part des médias, de la WTA ou des sponsors, je n'aurais pas manqué de le faire savoir. L'exquise Mme Stevenson a également essayé de faire croire que sa fille était menacée par les homosexuelles. Qu'il était inadmissible qu'elle soit obligée de fréquenter un vestiaire où des homosexuelles se promènent nues. Pour mieux protéger sa fille, elle est la seule mère à avoir un casier chez les joueuses ! Comment veut-elle qu'elles prennent leur douche, les filles ? Tout habillées ? Ces procès d'intention sont ridicules. En quinze ans de carrière, jamais une joueuse ne m'a fait la moindre avance. Je ne vois pas pourquoi Stevenson remettrait en cause ce qui est totalement passé dans les mœurs et toléré par tous avec discrétion.

A chaque tournoi, l'image de la gamine qui ne dit jamais « bonjour » à personne se dégrade tandis que sa cote monte dans les mêmes proportions. Avant c'était de la timidité, maintenant cela ressemble à la grosse tête ! Je suis heureuse quand je peux lui mettre une bonne tannée, mais en même temps je pense à ce qu'elle va devenir si elle ne perce pas, ce qui est tout à fait possible car elle a été beaucoup trop vite portée aux nues comme pratiquement toute la nouvelle génération. Aujourd'hui, elle est adulée, mais quand elle trébuchera, il n'y aura pas une joueuse pour lui tendre la main. Le tennis féminin est un monde impitoyable pour les faibles et les gamines surestimées qui ne franchissent pas la rampe. Ce n'est pas la guerre, mais presque. Jennifer Capriati, le prototype du gentil prodige à papa, peut en témoigner. Elle revient de l'enfer.

6

Jennifer en enfer

*En prenant le contre-pied de ce que lui deman-
dait son père qui avait fait d'elle une star à quatorze
ans, Jennifer Capriati a rejeté le système du tennis
professionnel. Un monde transformé en prison.
Après des années de galère, elle revient. Aujour-
d'hui, elle joue d'abord pour elle.*

Pour mesurer la performance que Jennifer Capriati
est en train de réaliser en revenant au meilleur niveau
dix ans après être devenue, à l'âge de quatorze ans, la
plus jeune joueuse de l'Histoire à entrer dans le Top
Ten, il faut la comparer aux tentatives impossibles de
come-back de Tracy Austin ou de Björn Borg. Le tennis,
et surtout le tennis féminin, évolue tellement vite que
sauter du train en marche c'est normalement se
condamner à courir derrière pour tenter en vain de le
rattraper. Pourtant, Jennifer, en accrochant le dernier
wagon avec l'envie d'en redescendre immédiatement, a
tout de même réussi à regagner la locomotive. J'ignore
jusqu'où elle ira, mais j'ai beaucoup de respect pour elle
car je pense qu'elle a dû travailler plus encore qu'elle
ne l'avait jamais fait, et peut-être plus que nous toutes
réunies.

J'ai donc eu la chance (ou plutôt la malchance) d'affronter Jennifer, lors de son premier tournoi professionnel à Boca Raton. Une vraie folie, un délire de show à

l'américaine. Ce n'était même plus du sport. On avait l'impression que tout le monde, supervisé par un producteur hollywoodien virtuel, avait été payé pour qu'elle arrive en finale. Sauf moi, bien sûr, cantonnée dans un simple rôle de figuration. Les huitièmes de finale se disputaient sous une chaleur torride. Il y avait dans les loges des gens qui m'insultaient parce que je me battais trop et empêchais leur petite chérie de gagner. « Laisse-la gagner, barre-toi », criaient certains. D'autres s'adressaient à Jennifer : « Jenny, viens ma belle, j'ai du champagne dans ma loge, dès que tu as gagné, viens trinquer avec moi ! » J'étais là, complètement scandalisée et désarmée, envahie par la désagréable sensation d'être un taureau face à un torero intrépide qui virevoltait devant moi tandis qu'une armée de péons me posait soigneusement les banderilles. Je me suis retournée vers Régis : « Joue, joue, joue », m'a-t-il conseillé.

Toute la famille Capriati était réunie dans une loge princière : le père Stefano, la mère Denise, le petit frère Steven. A leur côté, il y avait sa marraine, Chris Evert, les parents de celle-ci, son frère également qui était devenu l'agent de Jennifer. J'aurais juré que même les arbitres étaient de la famille. Non pas au cours du match, je dois le reconnaître, mais par la suite. Tout le monde semblait de mèche pour créer un événement et actionner la pompe à fric. Le système, dont les rouages s'imbriquent si bien entre les agents-directeurs de tournois-sponsors-télé-médias et, au bout de la chaîne, fans de tennis détenteurs de carte de crédit, n'avait jamais aussi bien marché avec une fille qui, en dépit de son immense talent, n'avait encore rien prouvé. Le phénomène prend comme ça, selon la conjoncture, quelques tours supplémentaires quand la joueuse possède un petit quelque chose que les autres n'ont pas. A la candeur retrouvée de Jennifer Capriati succédera la beauté d'Anna Kournikova, ainsi va le train du tennis féminin.

Je ne sais pas si Jennifer prit plus tard autant de plaisir que cette semaine-là à taper dans la balle. Elle frappait sur tout ce qui bougeait avec une inconscience rare.

Je n'avais jamais vu ça, on aurait dit que même les balles étaient dans le coup ! J'imagine qu'on lui avait gonflé le moral à bloc, elle est entrée sur le court sans se poser de questions en jouant tous ces coups à 10 000 km/h, à trois centimètres des lignes. Elle m'a battue 6-4, 6-3 avant de sortir Helena Sukova et Laura Gildemeister. Seule Gabriela Sabatini arriva à contenir sa fougue en finale (6-4 7-5). Du délire dans le stade. A chaque point de Jennifer, explosion collective, et au milieu de tous ces visages hilares, celui du père, ivre de bonheur.

Je ne pensais pas qu'elle en baverait autant par la suite. La voir si vite installée sur ce piédestal m'énerva beaucoup, mais j'en voulais plus à son entourage et aux instances de la WTA qui se frottaient les mains devant le tiroir-caisse qu'à Jennifer elle-même. Une semaine après, au Lipton à Miami, elle prenait un premier « revers » avec une défaite face à la Française Nathalie Herreman. Tout le monde parla d'un simple accident de parcours, un hasard malencontreux. Il n'y a pas de « hasard malencontreux » en tennis. Il y a toujours une explication. Qui imagina alors qu'elle avait d'elle-même mis un petit coup de frein à la folie qui s'emparait de son entourage ? Personne. Pas ses parents en tout cas.

On était en avril et elle fut accueillie un mois plus tard en grande pompe à Roland-Garros où elle était inscrite chez les moins de dix-huit ans et chez les dames. Elle remporta l'épreuve juniors, atteignit la demi-finale en seniors, entra donc dans le Top Ten, et signa je ne sais combien de contrats.

La comparaison avec Chris Evert (303 tournois gagnés en simple dont 18 du Grand Chelem, 1 309 matches remportés pour seulement 146 défaites ! ! !) devint de plus en plus courante. Jennifer disputa les demi-finales de Wimbledon et de l'US Open à seize ans et obtint la médaille d'or en simple aux jeux Olympiques de Barcelone en 1992. L'Amérique et en particulier la Floride n'avaient d'yeux que pour elle.

C'est en 1993, à l'US Open, que Jennifer a dit « non ». « No », « Stop », « Arrêtez ». Depuis un an déjà, elle avait commencé à envoyer des signaux, en faisant un peu ce qu'elle voulait, en dépensant son argent sans compter. Je ne dis pas qu'il ne faut pas se faire plaisir de temps en temps, cependant, je pense qu'il est prudent de réinvestir le maximum d'argent durant sa carrière pour continuer sa progression, et conserver le reste pour plus tard. Avec elle, c'était autre chose : pas de luxueuses lubies de petite fille gâtée, mais bien plutôt une forme de rébellion.

Elle a alors vécu une vie plutôt tumultueuse. Comme on mène une entreprise de sape. Elle se mit à faire systématiquement le contraire de ce qu'on attendait d'elle.

Puis, au bout de trois ans, elle a estimé qu'il était temps de faire un choix, entre une vie dégueulasse et une vic heureuse. « J'ai arrêté de me voir comme un monstre quand je me regardais dans la glace », a-t-elle déclaré à Brad Wolverton, un journaliste américain.

C'est que Jennifer, pudique et sensible, ne parle pas beaucoup. Elle n'est pas très liante avec les autres joueuses. Quand elle est revenue parmi nous, je lui ai juste dit : « C'est bien de te revoir, c'est bien que tu rejoues. » Elle a semblé touchée. Au début elle était très fragile. Elle était encore une peu grosse et paraissait empruntée, comme gênée par ses quelques lambeaux de gloire. Je me souviens de cette conférence de presse qu'elle a donnée en 1999 à l'US Open où elle s'est effondrée en larmes parce que les journalistes ne lui posaient que des questions sur sa vie privée. Elle a craqué publiquement, mais elle a quand même eu le courage de dire : « Voilà, à partir de maintenant, je ne répondrai plus qu'aux questions concernant le sport. » Je trouve formidable qu'elle soit revenue avec l'intention de faire son maximum. Elle aurait pu se contenter d'un retour pour l'honneur, mais pas du tout, elle a tout fait pour être considérée comme une joueuse normale. Elle a rempli son contrat. Et, finalement, les journalistes l'ont laissée tranquille. Une fois passé le choc de son retour, elle n'a plus intéressé grand monde parce que, c'est triste à dire, elle représentait déjà le passé.

Ce qui passionne les journalistes aujourd'hui ce sont les « nouvelles » quelque chose : « Nouvelle Kournikova », « Nouvelle Capriati », etc. Des noms circulent : Monica Veil, Tatiana Golovin. Personnellement, je ne les ai jamais vues. Il paraît qu'elles sont « formidables ». Peut-être, mais moi j'aurais tendance à penser qu'on ferait mieux de les laisser grandir avant de les médiatiser. Des expériences aussi douloureuses que celle de Capriati devraient laisser plus de traces dans les mémoires. Désormais, les filles sont obligées, rien que pour exister médiatiquement, de prendre des cours de chant ou d'annoncer des objectifs dont elles n'ont même pas conscience.

Je lisais l'autre jour dans le journal de la FFT une déclaration d'une championne junior française qui avouait son impatience de « disputer la Fed Cup pour la France ». On ne peut pas reprocher à quelqu'un d'avoir de l'ambition. Il en faut pour avancer. Mais mon expérience m'incite à croire qu'il est capital de la garder au fond de soi et de ne la dévoiler qu'étape par étape, que lorsqu'on est prête à l'assumer et à soutenir ses propres prétentions. Qu'une fille aussi inexpérimentée brigue une place dans une équipe où il y a quatre Françaises dans le Top Ten mondial, et deux ou trois équipes de double possibles parmi les meilleures du monde, c'est de l'inconscience. Du suicide. C'est se rajouter une pression d'enfer en ignorant tout de ce qui la sépare de ce niveau-là. C'est donner au public l'impression que, d'un claquement de doigts, on peut se retrouver comme ça au top. Les agents sont friands de ce genre de déclarations, parfois même ils encouragent les filles à les faire parce qu'elles lient ainsi leur nom à des épreuves de prestige, à celui de grandes joueuses, et comme elles représentent l'avenir cela fait toujours plus vendre qu'une fille qui va piano son petit bonhomme de chemin.

Si j'étais son coach ou un proche qui veut l'aider, je lui conseillerais justement le petit bonhomme de chemin. Même s'il n'est pas forcément le plus facile, car, vous pouvez me croire, il faut être costaud pour entendre sans cesse : « Bof, elle se croit tout juste capable d'entrer dans le Top 100, c'est qu'elle n'a pas beaucoup d'ambition », sans avoir envie de crier : « Mais si, mon rêve, c'est être numéro 1 mondiale ! »

Pourtant à trop vouloir être une autre, il arrive qu'on ne sache plus très bien qui on est et ce dont on est capable. On perd de vue son propre objectif. Pourquoi s'obliger à rendre des comptes à la presse, aux sponsors, alors que c'est déjà si dur de bien jouer au tennis tout simplement ? Si je parlais avec cette joueuse, je lui dirais : entre d'abord dans les 200, puis les 100, ensuite les 50, et quand tu seras 25e, là, tu pourras rêver de la Fed Cup. Pour une Williams qui casse la baraque, combien de filles ont explosé physiquement, techniquement, mentalement avant l'heure ? Combien ? Cent ? Mille ? Peut-être plus... Jamais au cours de ma carrière je n'ai proclamé que je voulais figurer parmi les cinq premières mondiales parce que tout le monde se serait fichu de moi et je me serais ajouté par bravade un surcroît de difficultés. Pourtant, cela fait longtemps que j'y crois au fond de moi. J'ai attendu d'être vingtième pour annoncer que je voulais être dans les dix. Et quand j'y suis arrivée, je me suis dit : « Maintenant, à moi le classement à un chiffre. » Cela a toujours été ma méthode. D'aucuns ne la trouveront pas très glorieuse. D'autres estimeront qu'elle ne fait pas « vendre ». Mais c'est la mienne. Et si c'était à refaire, je n'y changerais rien. Elle ne m'a pas empêchée de rouler dans ma fameuse Porsche ! Même si je suis toujours très gênée de la prendre pour aller faire mes courses au supermarché...

7

Mon père, si basque, si fier

Mon père est à l'opposé de ces pères qui frappent leur fille quand elles perdent. Je lui dois ma carrière, mais, en même temps, son côté « macho » le limitait à me voir accomplir bravement ma tâche dans le peloton. Quand j'en suis sortie en pleine lumière, il a été le premier surpris.

Je suis née à Bangui, en République centrafricaine, le 17 octobre 1967. Mes parents y vivaient dans une superbe maison, avec piscine. Plus tard, quand nous avons rejoint le Gabon, une de nos résidences donnait sur la plage. Nous allions surfer, nager, ramasser des coraux. Les soirs où mes parents sortaient, ils me confiaient à Laï-Laï, ma nounou. C'est mon frère aîné, Eric, qui a découvert le tennis le premier. Il est très vite monté à 15/2. Mais sa vraie passion, c'était le foot. Il était doué. Il aurait pu tenter sa chance dans un centre d'entraînement, mais il n'a pas voulu quitter l'Afrique, ni peut-être, surtout, nous quitter. Chez les Tauziat, on est ainsi. Indépendants, mais très liés les uns aux autres. On a tous du mal à quitter le cocon familial. D'ailleurs je suis sans arrêt au téléphone avec mes parents. Même à trente-deux ans, dès que j'arrive quelque part, je les appelle pour les rassurer. Mon coach prétend que chaque fois que je téléphone à mes parents je reprends une petite dose d'inhibition. Ce que je conteste formellement. Ils ont beaucoup changé. A l'origine, ils n'estimaient pas beaucoup mon agent et mon coach. A présent, ils savent que je leur dois mon niveau de tennis et l'argent que je gagne.

Mon père n'a jamais apprécié que je présente mon coach comme mon « deuxième père ». Je le comprends, bien entendu, mais je le dis parce que je le pense sincèrement. J'ai vécu des moments vraiment difficiles, tiraillée entre les uns et les autres. Je souffrais que mes parents n'aiment pas Régis. C'était quelqu'un avec lequel je travaillais si dur ! En 1994, lorsque ma carrière plongea au plus bas (n° 35), ce malaise ambiant envahit directement mon jeu comme un méchant virus. J'étais devenue fébrile. Mon coup droit n'avançait plus. Et comme ça n'allait pas non plus entre Régis et Benoîte qui s'opposaient en permanence, j'avais le sentiment d'être encordée dans un cercle hostile, prisonnière de gens qui tiraient chacun de leur côté. Et c'était d'autant plus douloureux que ces personnes qui me malmenaient étaient celles que j'aimais le plus au monde. Je ne savais plus quoi faire. Régis prenait une décision. Aussitôt mes parents disaient le contraire dans le but de reprendre l'ascendant sur moi. Benoîte ne savait plus que faire de peur de perdre ma confiance. C'était infernal — et très significatif du rôle de l'entourage pour un sportif de haut niveau. Un beau jour, j'ai décidé de ne plus trop m'occuper de tout cela. De me réfugier dans le travail et d'attendre des jours meilleurs. Ils ont fini par arriver.

Régis reconnaît que mon père m'a donné la chance de réussir ma vie. Même s'il m'a ensuite voulue à son image, travailleuse infatigable, mais avec des ambitions limitées. C'est vrai que mon père me voyait au milieu du peloton et qu'il est tout surpris aujourd'hui de me voir en tête. Alors que Régis y a toujours cru. Je pense d'ailleurs que s'il n'avait pas eu confiance en moi il ne se serait pas donné tout ce mal. Il a clairement investi sur moi. Et cette confiance qu'il me témoignait, ce risque qu'il prenait en dépit de ses spectaculaires coups de gueule, m'ont toujours servi de bouclier pour avancer en terres hostiles où les flèches tombent dru.

Tandis que pour mon père, qui est basque, tendance « macho », le fait qu'une femme puisse réussir une carrière comme la mienne, se prendre en charge et gagner beaucoup d'argent était inconcevable. En tant que père et instigateur de ma réussite, il est fier de sa fille, mais au fond il se sent dépossédé de son autorité, comme si je lui volais sa couronne. Qu'il se rassure pourtant, je le considérerai toujours comme le chef de famille. Et je n'ai pas fini de lui dire « merci », « merci », « merci »...

Au début, c'était mon frère qui pratiquait le tennis deux heures par jour avec un copain dont le père, M. Do, journaliste à TF1, donnait des cours à ses heures perdues. Je les accompagnais au club où je me mis à faire du mur. C'était au Tchad, à N'Djamena, où les affaires de mon père nous avaient conduits.

Je garde un profond respect pour le peuple africain. Et le souvenir d'une vie très libre, de nombreux voyages en avion. Celui de parents heureux, entourés de nombreux amis. D'un frère adorable avec moi. De séances sans fin de ski nautique.

Une sensation de légèreté et de grande liberté.

C'est là-bas que j'ai commencé à tester ma capacité à mettre tout en œuvre pour obtenir ce que je désire. Un jour où mes parents étaient absents et que j'avais rendez-vous avec le fameux M. Do pour prendre une leçon de tennis, j'arrivai à convaincre Bichara, notre intendant, qui possédait une mobylette, qu'il devait m'emmener au tennis. J'avais sept ans, j'étais passionnée. Qu'est-ce qu'il s'est fait semoncer par ma mère !

A l'école, j'avais beaucoup de copines. Toutes étaient des petites Africaines. Je voulais toujours y aller en maillot de bain. Ma mère m'en empêchait et moi je disais : « Mais maman, mes copines y vont comme ça ! »

Je n'ai jamais été confrontée à un quelconque problème avec les Noirs d'Afrique. Vers la fin, je sais que l'atmosphère s'est dégradée entre les communautés noire et blanche. Je ne l'ai compris que plus tard. A neuf

65

ans, on ne prend pas conscience de la portée de ces événements. Toujours est-il que lorsqu'on s'est tous retrouvés à l'aéroport pour rentrer en France ma mère était effondrée. Moi je ne savais pas encore que je devrais désormais aller à l'école avec des vraies chaussures au pied, et surtout l'après-midi ! Là-bas, dans « mon » pays, à 13 heures, on jetait le cartable dans l'entrée, on déjeunait, on jouait dans la piscine et on filait au tennis ou à la plage.

Notre point de chute en France fut Toulon. Mon père est bayonnais, mais ses affaires orientèrent notre itinéraire vers le sud-est.

J'entrai en CM1 sans conviction. Mon emploi du temps ne me permettait plus de jouer au tennis. Ma vie avait changé bien tristement. J'allais même à la cantine pour plus de commodité. Au bout d'un an, je demandai quand même à mon père de m'inscrire au TC Littoral de Toulon, à l'école de tennis où mes dons furent immédiatement remarqués. Je disputai quelques tournois ainsi que des matches par équipes et, à douze ans, j'étais classée à 30. L'année suivante à 15/3.

Cette année-là, je rencontrai Yannick Noah pour la première fois de ma vie. Il participait au Tour de France de la FFT, initiative lancée aux débuts des années 70 pour porter la bonne parole fédérale dans les ligues et repérer les jeunes les plus talentueux. On me fit jouer contre Thierry Tulasne, champion du monde junior à l'époque, et j'ai éprouvé d'entrée un plaisir incroyable à renvoyer ses balles. C'était facile, fluide, grisant. Ces quelques balles sont restées gravées dans ma mémoire comme si elles avaient été déterminantes pour mes choix futurs. Régis dit toujours que chacun d'entre nous se trouve régulièrement placé à des carrefours et qu'il faut chaque fois choisir la bonne voie, l'unique chemin qui mène à la plus belle réussite. Si je me souviens si précisément de cette journée, c'est que c'est la première où j'ai pris une décision pour moi-même. Je voulais jouer au tennis. Championne ou pas, Evert ou Navratilova, c'était flou. Tout ce que je voulais, c'était essayer de jouer. Jouer beaucoup, jouer toute la journée.

Mon père évoqua avec Jean-Paul Loth, alors Directeur Technique National, ma possible intégration dans un lycée tennis-études fédéral, mais la réponse donnée fut immédiatement négative : « Il y a dans la Ligue de Côte d'Azur une fille bien plus forte que la vôtre, expliqua Jean-Paul Loth à mon père.

— Elle s'appelle ?

— Frédérique. »

Le bonheur que j'ai ressenti le jour où je l'ai battue au terme d'un match au couteau figure toujours, bien des années plus tard, parmi les très bons souvenirs de ma carrière.

Nous étions, mon père et moi, très déçus de la réaction de la Fédération, d'autant que mon entraîneur de l'époque, Gérard Cardona, n'était pas toujours aussi disponible que l'exigeaient mes nouvelles ambitions. Mon père se souvint alors de Régis de Camaret. Celui-ci entraînait Isabelle Demongeot à Saint-Tropez et quelques autres filles que mon club avait rencontrées en match par équipes. J'avais pris 6-0, 6-1 contre Isabelle un an plus tôt et l'œil sportif de mon père qui fut international de handball (il a été gardien de but au SBUC) avait remarqué que toutes les élèves de Régis possédaient une technique excellente. C'est mon père qui établit le premier contact entre Régis et moi à l'occasion des Championnats de France minimes où ce dernier chapeautait l'équipe de Côte d'Azur. Isabelle m'ayant battue aux championnats régionaux, j'arrivais à Paris sans pression. Je fus éliminée au deuxième tour, mais n'en fis pas un fromage. Ma vocation était encore chancelante. Mon père me proposa un essai au rythme de quatre ou cinq leçons par trimestre à Saint-Tropez, ce qui l'obligeait à faire deux heures de route chaque fois. Mais au moins on saurait. En quelques mois, j'avais fait des progrès considérables, car le credo de Régis de Camaret était déjà : «Donner à chacun les moyens d'améliorer très vite quelque chose, de façon à prendre confiance en soi et en la méthode de travail. »

Au bout d'un certain temps, bien que cela m'ait fait beaucoup de peine, je quittai définitivement ma famille pour rejoindre Saint-Tropez. Je fus logée à la même enseigne que les autres élèves — non tropéziennes — de Régis de Camaret au « Refuge » — c'était une grande maison avec jardin, proche du centre-ville, dans laquelle nous avions chacune notre chambre (Bjorn Borg me tenait compagnie en poster sur le mur). Une cuisinière préparait les repas que nous prenions toutes ensemble. C'est là que j'ai appris à vivre en groupe et à me familiariser avec les questions d'intendance. Les machines à laver et sèche-linge n'ont aucun secret pour moi. Mon agent dit qu'à Wimbledon, dans la maison que je loue pendant le tournoi, je passe plus de temps devant la table à repasser que sur la table de massage ! A Saint-Tropez, c'était quatre à cinq heures de tennis par jour. Une scolarité réduite au minimum. Enfin le programme idéal ! De temps en temps, j'allais manger une glace sur le port, mais ne prêtais aucune attention à la trépidante vie tropézienne. On aurait pu être n'importe où, mon horizon de limitait aux grillages du court de tennis. L'année suivante, Isabelle et moi commençâmes à être un peu connues. On nous offrit quelques équipements dont nous étions très fières. Dans la presse, on nous appelait « les Tropéziennes »...

Puis sonna l'heure des grands voyages et des petits budgets à boucler, des hôtels borgnes, des nuits chez l'habitant, des Mac Do, des bagages perdus, des courts d'entraînement bondés, du blues des soirs de défaite et son cortège de sentiments confus. J'avais l'impression que la perte d'un match était la preuve que je n'étais pas forte. Je me revoyais petite quand mon père me disait : « Ne pleure pas, ce n'est pas grave. Tu n'es pas bien forte, c'est normal que tu perdes contre cette fille qui joue tellement mieux ! » Il ne disait pas cela pour me faire du mal, bien au contraire, il avait peur que je dramatise la défaite, que je me rende malade. Mais moi je ne retenais que « tu n'es pas forte », « tu n'es pas forte ». J'associais ces paroles à celles de Jean-Paul Loth : « Nous avons dans la Ligue une certaine Frédérique. » Ces remarques tranchantes comme des lames me torturaient. Elles s'entrechoquaient avec les espérances que je portais secrètement en moi, avec les convictions de Régis. Au petit matin, je n'avais qu'une envie : retourner au combat. Leur prouver à tous qu'ils se trompaient. Que j'étais forte. Tellement forte qu'ils ne pouvaient même pas l'imaginer !

Je pense que l'éducation que j'ai reçue, même si Régis la trouve un peu trop « Français moyen », a été primordiale dans ma carrière. Elle m'a permis de garder toujours la tête sur les épaules. Mes parents m'ont appris à me débrouiller toute seule. Dès mon plus jeune âge, ma mère m'a encouragée à faire moi-même mes valises : « Nathalie, si j'oublie quelque chose, tu m'en voudras, alors que si c'est toi qui oublies, tu oublieras une fois, mais pas deux ! »

Au début, ma mère, qui n'aime rien tant que rester auprès de mon père, m'a suivie sur le circuit, mais elle n'appréciait pas le milieu et semblait inquiète pour mon père. Et moi, de mon côté, je n'ai pas voulu que « ma » vie sépare « leur » vie. Maman a sympathisé avec la mère d'Arantxa Sanchez, mais elle mise à part, le milieu lui a semblé rapidement bien superficiel. Mes parents sont venus une fois à Roland-Garros. Au bout d'une semaine, ils m'ont dit : « Plus jamais ! » Il faut avouer que je suis plutôt invivable à Roland-Garros.

Ce n'est pas parce que ma mère n'a pas « ouvert la voie » à Mme Hingis qu'elle n'a pas joué son rôle de maman. Quand j'étais triste d'avoir perdu, elle me consolait au téléphone. Elle a toujours trouvé le temps de me parler. Bien sûr, elle a raté quelques chapitres de ma vie, et il lui arrive aujourd'hui de me traiter comme si j'avais quinze ans.

Quant à mon père, je lui suis reconnaissante d'avoir investi tant de temps et d'argent dans ma carrière. Il sait que dans un premier temps mon objectif fut de gagner en tournois une somme au moins égale à celle qu'il avait engagée pour me mettre le pied à l'étrier. Mais s'il gère mon argent et me conseille, il ne m'a jamais demandé un sou en retour. Il a continué à travailler. Trop fier de lui pour profiter de l'argent de sa fille !

8

Régis de Camaret, mon coach, mon psy, mon complice

Contrairement à beaucoup de gens, Régis de Camaret a cru en moi dès le départ. C'est d'ailleurs dans sa foi en mon propre destin que j'ai puisé mes forces quand je me repliais sur moi-même, découragée.

Il m'a fallu cinq ans pour modifier mon jeu et établir un lien entre mon mental et ma technique. On dit souvent qu'un match de tennis ça se gagne dans la tête. C'est vrai. Celle qui l'emporte ménage ses forces grâce à sa technique (ou à son physique), ce qui lui permet de conserver plus longtemps un état de fraîcheur mental. Tout se tient. En dominant le jeu au lieu de le subir, elle est libre de choisir le moment où elle va porter l'estocade.

Changer mon mental fut d'abord et essentiellement le fruit d'un travail fastidieux et ingrat. Il me fallut aussi acquérir, petit à petit, une agressivité dont je n'étais pas naturellement dotée. Monter au filet nécessite une prise de risques à la limite de l'inconscience, et la volée, finalement, ce n'est que du bluff. Ah, si j'avais eu l'assurance d'un Noah ! J'aurais joué tout en bluff et j'en aurais gagné du temps ! Et lui, s'il avait travaillé en relâchement plutôt qu'en force, combien de tournois il aurait pu gagner ! Mais c'est une autre histoire... La seule fille que j'ai vu jouer avec le même état d'esprit que celui de Yannick, c'est-à-dire en compensant des lacunes techniques par une audace de hussard, fut Cathy Tanvier. Faible techniquement, elle avait un culot monstre qu'elle affichait en toutes circonstances. Tant que les filles se laissèrent impressionner, elle accumula les victoires. Jusqu'au jour où la riposte s'organisa. Cathy se retrouva alors face à la limite de ses coups, et malgré plusieurs courageuses tentatives de retour, elle ne refit jamais surface, transpercée par des rafales de passings.

A force de rechercher cette audace qui me manquait sur le court, j'ai fini par trouver en moi des ressources insoupçonnées que j'ai mises immédiatement en application dans ma vie de tous les jours. Et quand Nathalie « osa » dans sa vie des choix personnels, la joueuse Tauziat devint plus dégourdie aussi, créant ainsi une sorte d'émulation, de partenariat entre la joueuse et la femme.

Ainsi, au bout de deux ou trois ans d'obstination, je m'aperçus que les qualités que je développais sur le court me servaient dans la vie et inversement. Un exemple pour décrire le processus : à l'époque où je restais au fond du court, je payais toujours mes factures sans sourciller, même quand j'avais des doutes. La crainte de demander des explications ! Mes ruées vers le filet m'ont poussée peu à peu à exprimer d'éventuelles récriminations. Et le fait de contester — à juste titre, bien sûr — certains montants douteux me gonflait le moral quand je retournais sur le court. En fait, j'ai enclenché un processus positif pour lutter contre des automatismes négatifs. Et sans l'aide d'un psychologue. Uniquement avec un projet, de la foi et du travail.

Je n'ai jamais fait appel à un psychologue. C'est Régis de Camaret mon psychologue. J'imagine que ceux qui l'ont entendu m'engueuler une fois dans leur vie doivent sourire en lisant ces lignes. Car ce n'est pas le genre de scène qu'on oublie. Il se situe à l'opposé des psy et me répète chaque jour : « Nat, tu as deux bras, deux jambes, un cerveau, tu n'es pas "malade", il n'y a donc pas de raison que tu n'y arrives pas... si tu travailles. » Le fait est que je n'ai jamais vu de travailleur acharné qui n'obtienne pas un résultat satisfaisant !

Beaucoup trouveront les principes de Régis bien primaires. Certaines filles lui ont reproché d'être trop « négatif », de « ne voir que ce qui clochait ». Je pense qu'elles se sont trompées. Régis est quelqu'un qui agit pour progresser chaque jour, pour aller toujours un peu plus loin, et c'est pour cela qu'on continue à travailler ensemble.

Certes, il ne m'a jamais épargnée. Il m'a insultée. Parfois même en public. Il a tenu dans la presse des propos à la limite de l'injure qui m'ont fait mal, bien sûr, mais il l'a toujours fait sciemment. Il savait qu'en me rabaissant il me ferait sortir de mes gonds et me forcerait à donner le meilleur de moi-même.

Petite illustration pratique. Imaginez le central de Roland-Garros, le soleil, les tribunes bien garnies, la tension extrême. Et, tout à coup, je n'en croyais pas mes oreilles, j'entendis dans la foule la voix d'Edith, ma meilleure amie, mon alliée, ma supportrice numéro un, me lancer avec une vulgarité qui ne lui ressemblait pas du tout : « Bouge ton cul ! » Interloquée, je répliquai aussi sec à son endroit : « Ferme ta gueule ! » Elle devint toute rouge ; tout le monde la regardait, elle avait l'air furax. En fait, c'était un coup de Régis. Assis à côté d'elle, il lui avait demandé de créer un électrochoc parce qu'il voyait bien que je me laissais emberlificoter par mes vieux démons.

Alors qu'elle hésitait à se faire ainsi remarquer, il lui avait dit, roublard : « T'inquiète pas, je la connais, ça va la faire réagir. Tu vas voir, grâce à toi elle va gagner trois jeux de suite, le match, et à la fin elle ne s'en souviendra même pas ! » J'ai bien gagné les trois jeux, le match, mais je n'ai pas oublié ! Evidemment, Edith sait bien que je ne lui en ai jamais voulu.

J'admets que j'ai besoin qu'on me parle durement. Mais je ne l'accepte pas de n'importe qui. En fait, je ne l'accepte que de Régis. Parce que j'ai confiance en ses capacités et en son respect profond pour ce que je suis.

Il est celui qui me connaît le mieux, et cette perception de ma personnalité dicte sa conduite. Quand il s'adresse à Anne-Gaëlle Sidot qui nous a rejoints début 1999, il ne lui parle jamais durement. Parce qu'il sait qu'elle se braquerait. Comme elle cherche à le mettre en colère et à créer une situation de conflit dont elle espère inconsciemment tirer avantage, lui, oppose une désinvolture qui me désarme complètement.

J'ai même eu tendance à trouver cela injuste, mais en même temps je le comprends. Son talent de coach, c'est, justement, de refuser d'aller sur le terrain de l'élève pour mieux l'aider à se sortir de ses cercles vicieux.

En fait, il cherche toujours à provoquer un déclic qui pousse l'individu à se surpasser. Fin 1999, je perds face à Barbara Schett (la solide numéro 7 mondiale) 7-5 au troisième set à Filderstadt. Je regagne l'hôtel officiel, la mort dans l'âme, tandis que Régis s'attarde au club pour coacher Anne-Gaëlle Sidot. Dans mon lit, je rejoue dix fois le match au ralenti, en accéléré, puis je finis par m'endormir, résignée. Le lendemain matin, Régis frappe à ma porte : « J'ai à te parler. » J'écoute ses propos qui sont durs mais justes, et, « touchée-coulée », je m'effondre en larmes. Pas des larmes de rage comme celles que je verse depuis des années quand je m'impatiente, non, c'étaient des larmes de chagrin, d'impuissance. « Ecoute, Régis, j'ai l'impression que c'est fini. Que je suis au bout du chemin. Cette fois, j'ai atteint mes limites. Regarde, je fais un bon match mais je le perds. Je ne comprends pas, j'ai l'impression de ne rien avoir à me reprocher. — Si, répondit-il. Quand tu menais 4-2, 30-15 au troisième set, tu n'es pas allée au fond de ce jeu-là, tu l'as laissée revenir, tu as joué petit, tu as été minable. » Re-cascade de larmes. Sentiment de honte mêlée de regrets. Désespoir. « Régis, si à trente-deux ans je ne gagne pas quand je sors mon meilleur tennis, il vaut mieux que j'arrête, non ? »

C'est un subterfuge que j'emploie dans les cas graves. Quand ça va mal, je brandis la menace d'une retraite précipitée. Lui, aussitôt, vole à mon secours et finit par me dire ce que j'ai besoin d'entendre : « Mais non ! Tu vas y arriver. Il suffit juste d'enfoncer le clou au bon moment... »

Cette scène matinale fut curieusement un des pires moments de ma carrière. Elle allait pourtant être suivie d'une série de seize victoires en sept semaines qui me menèrent en demi-finale du Masters, au Madison Square Garden où je disputais un match — du moins un premier set — d'enfer contre Lindsay Davenport, future gagnante de l'épreuve face à Hingis. Je n'avais jamais aussi bien joué de ma vie. Pourtant j'étais assez fatiguée avant d'attaquer ce dernier tournoi, et moi qui n'encombre guère les salons des kinés de la WTA, je m'étais drôlement fait bichonner. Mais Régis m'avait dit, toujours aimable : « Si tu es fatiguée, tu n'as qu'à faire du tricot ! Tout ça, c'est dans ta tête. Si tu t'autorises à l'être, tu le seras, et si tu ne t'écoutes pas, tu ne le seras pas. »

Et voilà pourquoi Régis est grand...

Je ne l'ai jamais détesté. Il m'est arrivé de me protéger comme un boxeur qui a trop mal et se réfugie derrière ses gants : « Casse-toi ! Tu vas encore me dire que je suis naze ! » Mais où finissent ceux qui refusent le combat ?

Aurais-je disputé la finale de Wimbledon en 1998 si Régis n'était pas intervenu en huitièmes de finale lors de mon match contre Julie Halard-Decugis ? Ce fut une des scènes les plus violentes de notre carrière. Si je n'avais pas fait un geste d'apaisement, je crois que les gardes l'auraient ceinturé et emmené au poste de police.

J'affrontai Julie et, comme toujours dans les rencontres franco-françaises, notre niveau de jeu se trouva altéré par la tension nerveuse due à l'importance de l'enjeu et de ce fameux orgueil qui prend des proportions démesurées entre joueuses d'un même pays. Le phénomène n'est pas typiquement français, d'ailleurs, il est quasiment identique partout : en Belgique, en Espagne, en Autriche, en Allemagne. Il n'y a qu'aux yeux des Américaines que la personnalité de l'adversaire n'a pas d'importance. Seule compte la victoire.

Mais revenons à Wimbledon. Je remportai le premier set au tie-break (7 points à 5), perdis le second 6-3, et menai 4-3, son service à suivre. Il se mit à pleuvoir, et quand il tombe une goutte à Wimbledon, mieux vaut remballer vite fait ses affaires si on ne veut pas disparaître sous la bâche ! Je regagnai les vestiaires rapidement quand je devinai la présence de Régis dans mon dos. Etat de tension extrême. La porte si proche au bout de la coursive. Le répit salvateur. Le repos libérateur. Je pressai le pas mais, juste avant de toucher au but, ma main sur la porte du refuge, il m'interpella brutalement : « Mais qu'est-ce que tu fous ? Tu n'attaques pas ! Tu vas te faire avoir ! Tu es minable ! Elle va te bouffer et c'est elle qui va continuer le tournoi ! » Furieuse, je passai la frontière sans un mot, le cœur battant la chamade. Tout de l'autre côté de la porte évoquait luxe, calme et volupté. Un fauteuil club me tendait les bras. L'intervention de Régis m'avait choquée, mais ma conscience me faisait savoir qu'il avait raison. Si je ne me bougeais pas, ce match, j'allais le perdre et le regretter toute ma vie ! De retour sur le gazon, je pris tous les risques et l'emportai 6-4 en quelques minutes. Derrière, je battais Samantha Smith (une spécialiste de la surface), puis Davenport, avant d'échouer, comme je l'ai déjà expliqué, face à Jana Novotna.

Jamais une engueulade de Régis n'a eu sur moi l'effet inverse de celui qu'il escomptait. Parce qu'il a toujours su agir avec discernement. J'ai terminé ma saison 1999 sur un cuisant 6-0 face à Davenport qui m'a terriblement affectée. Disputer un premier set de rêve, se trouver au tie-break à deux doigts de le gagner et s'effondrer de la sorte ! Quelle honte ! Pourtant Régis évita soigneusement le piège du sarcasme. Au contraire, avant d'aller faire son shopping dans les rues de Manhattan à la recherche de je ne sais quel logiciel, il me lança : « Nat, c'est super ce que tu as fait. Oublie ce set et recherche les sensations éprouvées durant les quelques jeux où tu as touché, sur la pointe des pieds certes, mais touché quand même le sommet de la pyramide. Si tu as atteint cette zone une fois, tu peux y retourner. »

J'ignore comment nous avons réussi à installer un type de rapport qui soit source perpétuelle de progrès, car souvent notre association a été sacrément mise à mal. En 1992, nous nous sommes fait casser par le « milieu » du tennis français d'une manière assez répugnante. Les pires calomnies circulaient sur notre compte, et surtout sur celui de Régis. Je ne parlais à personne mais subissais toutes les perfidies. Comme dans le même temps mon agent, Benoîte, n'était pas épargnée par la critique et les rumeurs, je commençais à me demander si mes deux précieux alliés ne devenaient pas des boulets. Régis me proposa alors une séparation à l'amiable. Pour mon bien. Je trouvais la proposition élégante de sa part, mais je la refusai. Après tout, nous avions choisi d'embarquer sur le même bateau et devions essuyer les tempêtes ensemble, même si, financièrement, nous étions quittes. Régis avait choisi dès le départ un système de rémunération proportionnelle à mes résultats, de sorte qu'il était lui-même directement concerné. Ma place de 11e mondiale lui ayant assuré un solide retour sur investissement, nous n'avions aucun compte à nous rendre. S'il ne parvenait pas, pour quelque raison que ce soit, à me faire redémarrer, je ne touchais rien mais lui non plus. C'est la grosse différence entre lui et beaucoup d'autres coaches qui sont rémunérés comme des salariés. Je veux bien croire qu'ils se fassent du souci quand leur joueuse stagne, mais je suis certaine, pour l'avoir vécu, que l'entraîneur dont la courbe de compte en banque suit celle vertigineuse du classement de sa joueuse, est beaucoup plus prompt à essayer de trouver la solution-miracle avant de toucher le fond. Je pense que pour apprécier la valeur d'un travail il faut en connaître le prix exact, et si je critique les coaches salariés, je critique aussi les joueuses qui bénéficient d'entraînements gratuits. Il en découle un effet psychologique néfaste qui influe sur la qualité du travail et sur les rapports coach-joueuse.

Si je ne voulais pas quitter Régis malgré le malaise qui nous entourait, c'est qu'il m'ouvrait techniquement des perspectives à perte de vue. Nous avions par exemple remarqué « le phénomène Seles », et l'objectif pour moi fut d'arriver à prendre la balle aussi tôt qu'elle, à un mètre seulement au-dessus du sol après le rebond. Mais rien d'important ne s'obtient facilement. Dès que se profilait l'ombre d'un progrès, je restais plusieurs semaines sans plus éprouver la moindre sensation encourageante. C'était « un coup j'avance, un coup je recule ». En fait, je voulais « rationnellement », mais sans vouloir « émotionnellement ».

Moi qui possédais une constance à toute épreuve, je devenais de plus en plus irrégulière. Certes, je gagnais quelques points grisants, mais j'offrais des fautes directes par wagon à des adversaires qui se frottaient les mains. C'était très dur à supporter mentalement. On a beau se dire : « Laisse du temps au temps », le doute est souvent insidieux. En plus, le fait de pratiquer un jeu plus tendu, plus rapide donnait à certaines adversaires des cadences idéales grâce auxquelles elles pouvaient me battre encore plus agréablement. C'était le monde à l'envers. Je me souviens notamment d'un match contre l'Américaine Amy Frasier que je perdis 7-6 7-5 en jouant à toute allure, tout en ayant le sentiment de pouvoir sauver le coup à tout moment en pourrissant le jeu. A quoi cela m'aurait-il servi ? Pour m'encourager, Régis me disait toujours : « J'ai vu certaines choses... »

Ma carrière se poursuivit ainsi pleine d'espérances et de découragements cinq années durant, jusqu'en 1996 où je craquai franchement. Cette fois, je n'y arrivais plus. Mon classement dégringolait aussi régulièrement que mon moral. J'étais sans cesse taraudée par la crainte d'avoir perdu mon pari. Seule consolation, je savais que la méthode « sécurité » aurait précipité mon déclin. Autour de moi, les gens me semblaient hostiles et ricanants, ils m'enterraient tous sans beaucoup d'émotion.

Je confiais ma tristesse à Régis qui ne me laissait jamais descendre trop bas : « Tu es en train de changer de jeu. Fais ton truc. Ne t'occupe pas des autres. » Facile à dire. Et impossible à faire tant qu'on tergiverse. Un jour, j'eus la sensation de me jeter dans le travail comme un naufragé abandonne son île infertile dans l'espoir de jours meilleurs, sans plus penser aux dangers qui le menace. Je me suis dit : « Nat, tu es vraiment dans la panade et la seule chose que tu aimes et saches bien faire, c'est jouer au tennis. Alors joue. Joue à fond. Eclate-toi. Jette toutes tes forces dans tes entraînements ! »

Mon enthousiasme retrouvé produisit aussitôt un déclic chez Régis plus exigeant encore (c'était donc possible !), et plus motivé que jamais. Il avait été aussi malheureux que moi, mais il sentait à présent renaître l'espoir. On avait réussi à traverser le désert durant toutes ces années sans se bouffer le nez, ni rien se cacher. L'un et l'autre avions toujours pris soin de formaliser nos griefs mutuels sans délai, et cette courageuse franchise nous permit de réattaquer la falaise sans la moindre arrière-pensée.

Bosseur invraisemblable avec moi comme avec M. Tout-le-Monde (Régis ne peut s'empêcher d'entraîner les joueurs du dimanche de son club), il mit tout son art à m'apporter les dernières pierres nécessaire à mon édifice. Deux ans plus tard, j'entrai dans les dix avec l'intention de décrocher une cinquième place mondiale, un titre à Wimbledon ou une médaille aux jeux de Sydney avant la fin de l'année 2000 qui sera sans doute celle de mon départ de la compétition.

Si Régis n'avait pu assurer cet ultime tour du monde, je l'aurais accompli toute seule. Ou peut-être simplement avec l'aide d'un sparring-partner. Parce que aujourd'hui, grâce à lui, je me connais par cœur. Pas une réaction chez moi qui ne me surprenne ou me déroute. Certes, sa présence demeure sécurisante même si dorénavant j'apprécie aussi la solitude. Elle vous donne l'occasion de revenir à votre base et d'y faire à tête reposée l'inventaire de vos propres désirs. Sans jugement extérieur, et c'est instructif tant pour votre carrière que pour votre vie personnelle. Ce qui ne m'empêchera jamais de penser que j'ai eu de la chance de travailler avec un coach sachant coacher, plutôt qu'avec un coach d'opérette, comme on en croise parfois sur le circuit. Il n'y avait qu'une personne en France qui pouvait m'emmener au bout de mon rêve. C'était Régis de Camaret, et je l'ai rencontré au bon moment.

9

Coach de joueuses, dur métier

Régis de Camaret et moi constituons un duo unique dans le circuit féminin. Si je suis à trente-deux ans l'une des doyennes du circuit, je suis aussi celle qui est restée la plus fidèle : pas loin de vingt ans de collaboration. Rien à voir avec la valse des coaches qui nous entoure.

Le statut de coach est en train de prendre de la valeur sur le circuit. Certaines joueuses qui, jusque-là, considéraient leurs coaches comme des larbins sont en train de s'apercevoir qu'un bon coach est plus précieux que tout.

Lisa Raymond, une des figures du circuit puisqu'elle a également fait des études de criminologie et rêve, paraît-il, d'entrer au FBI, avait, poussée par sa partenaire de double Rennae Stubbs (gagnantes de l'Open d'Australie 2000 en battant Pierce-Hingis en finale), congédié son coach Jim Dempsey en 1997 dans des conditions assez houleuses. Un an et demi plus tard et quelques rangs plus bas dans le classement, elle lui demandait de rétablir leur association. Sans lui, elle n'avançait plus. Jim Dempsey fait partie d'un groupe d'une dizaine d'entraîneurs pour lesquels j'ai un véritable respect. Ils jouent un rôle déterminant sur le circuit dont ils s'emploient à élever le niveau d'ensemble en donnant à leurs propres joueuses les moyens de progresser. A la fois calés en technique et en stratégie, prudents dans leur approche de la préparation physique, ils ont l'art d'instaurer un rapport avec la joueuse qui lui donne envie d'aller, d'elle-même, à la recherche de ses propres limites. C'est la marque des plus grands qui sont très souvent aussi les plus discrets.

Il commence à exister, sous l'impulsion de Jim Dempsey, une certaine solidarité entre les coaches. Ils ont demandé et obtenu plus de considération de la part de la WTA. Après de nombreuses pétitions dûment noircies de leurs revendications et ainsi que quelques réunions efficaces, leur statut va être mieux défini, et reconnu comme un des rouages essentiels du fonctionnement du tennis féminin. Jusqu'à présent, ils n'avaient pratiquement accès à aucune des facilités réservées aux joueuses, sauf dans les endroits réscrvés aux « invités », ce qui n'était pas approprié pour travailler sereinement. Logés à la même enseigne qu'un vague parent, ils ne bénéficiaient d'aucun des avantages financiers dont profitent les joueuses dans les tournois. Même si j'estime qu'une fille qui veut réussir aujourd'hui a intérêt à payer même au prix fort le meilleur coach possible, il faut reconnaître que la charge est très lourde pour la joueuse qui débute et dont les parents ne sont pas milliardaires. Cette démarche de la WTA en faveur des conditions de travail des coaches devrait à mon avis être suivie d'effets directs sur la qualité du jeu, parce que tout le monde pourra mieux travailler. Revalorisée, la profession attirera peut-être certains techniciens de renom qui jusquelà pouvaient aspirer à des conditions plus favorables du côté de l'ATP Tour (association des joueurs). Parmi les très bons coaches du circuit, je recherche volontiers la compagnie du Hollandais Eric Van Harpen. J'apprécie le travail de longue haleine qu'il a accompli entre autres avec Conchita Martinez d'abord puis avec Patty Schneyder et, depuis quelques mois, avec Anna Kournikova. Certains considèrent qu'il a un petit peu la grosse tête, n'empêche, il a obtenu des résultats plus que probants en poussant ses joueuses quasiment à la limite de leur potentiel.

Conchita a fini par le congédier, sèchement d'ailleurs, ce qui causa à l'époque quelques remous, mais il ne faut pas oublier tout de même qu'en dépit de tous les reproches qu'elle lui adressait il l'avait fait monter parmi les dix meilleures, et avait fait d'elle la première joueuse espagnole de l'histoire à remporter Wimbledon en 1994. Titre historique puisque cette victoire avait empêché Martina Navratilova de remporter son dixième titre en simple sur le gazon londonien et de battre ainsi un des records les plus fabuleux du tennis féminin.

Une fois congédié, Van Harpen a refait quasiment le même chemin avec Patty Schneider qu'il a également fait entrer dans le sacro-saint Top Ten. Là encore, la belle histoire a plutôt mal tourné. La rumeur rapporte qu'il aurait engagé un préparateur physique dans le but d'apporter un plus à sa joueuse. Un personnage assez étrange qui l'aurait incitée à se couper du reste du monde, y compris de ses parents, et à ne plus se nourrir que de végétaux. Tout cela prouve à quel point la psychologie féminine est complexe et donne la mesure de l'intelligence et de la sensibilité dont un coach doit faire preuve pour mener une fille du niveau le plus banal aux premières places, comme l'a fait Régis qui a réussi a m'amener de 15/3 à la cinquième place mondiale.

Evidemment, une joueuse peut tâtonner avant de trouver la personne qui lui convient. Il arrive aussi que les deux membres de l'équipe — car joueuses et coaches ne peuvent travailler autrement qu'en faisant équipe — n'évoluent pas de la même manière, ne réagissent pas avec le même flegme face aux situations de crise. La séparation est alors inévitable. Puis un jour, on trouve chaussure à son pied. C'est le cas de Mary Pierce qui fait du bon travail avec le Sud-Africain Michael De Jong, après s'être séparée d'un autre très bon coach, Sven Groenveld, attaché aujourd'hui au service de Greg Rudsedski. Aux dernières nouvelles, elle aurait encore rompu. Mary s'entraîne désormais avec David, son frère cadet.

Les coaches sont si peu nombreux à comprendre, à sentir les subtilités du très haut niveau féminin. En dehors des deux femmes coaches les plus connues : Mélanie Molitor (mère avant d'être entraîneur) et Hana Mandlikova (quatre titres en Grand Chelem), coach de Jana Novotna, se distinguent quelques anciens joueurs tels que Harold Solomon, le coach de Jennifer Capriati, Robert Van't Hof, Michael De Jong, Pavel Slozil, ancien coach de Graf et Kournikova, ou encore Heinz Gunthardt, le dernier coach de Steffi Graf. Toutefois, je pense que Gunthardt a joué davantage un rôle d'ami et de conseiller que celui d'un véritable entraîneur classique. Et je le vois mal commencer une deuxième carrière avec une autre joueuse.

On constate que rares sont les joueuses qui ont recherché une femme pour coach. Je pense que c'est dû au fait que très peu de femmes (en tout cas aucune championne à l'exception de Mandlikova) ont envie de tenter cette vie de saltimbanque où vous n'êtes pas à l'abri de vous faire jeter du jour au lendemain par une joueuse caractérielle. Certaines personnes affirment que si les joueuses choisissent des hommes pour coaches, c'est pour mieux profiter de l'énergie de la séduction hommes-femmes. Qu'elles aiment à se voir dans le regard d'un homme, à se confier à lui, à se surpasser pour lui plaire.

Rares sont les filles qui fonctionnent comme cela, la tendance générale est plus pragmatique, moins romantique. Elles se fichent bien d'avoir une femme ou un homme comme coach à partir du moment où elles travaillent dans le bon sens et où la personne n'empiète pas sur leur univers. Le tennis féminin étant placé sous le signe de la puissance, celles qui fantasment sur des coachs hypercostauds, c'est pour s'habituer à expédier et recevoir des missiles. L'apport de Régis qui, à cinquante-sept ans, se met dans un coin du court pour me faire travailler, la présence ponctuelle d'un sparring-partner tel que Yohan Ponchet classé en queue de première série, et la fidélité de partenaires telles qu'Alexandra Fusai, Anne-Gaëlle Sidot, Sélima Sfar, Joe Ward suffisent à mon bonheur.

Parmi les coaches les plus connus qui se font relayer par des sparring-partners n'ayant pas voix au chapitre, il faut citer bien entendu le plus célèbre d'entre eux : Nick Bollettieri. J'irai faire un tour dans son camp quand j'aurai pris ma retraite parce que la philosophie de son académie m'a toujours intriguée. Ses nombreux succès incitent au respect autant qu'ils introduisent un doute. Une fille comme la Croate Iva Majoli, par exemple, sosie de Monica Seles, a gagné Roland-Garros grâce aux qualités qu'elle a exploitées chez Bollettieri. Elle a appris à avancer dans le terrain, à se sentir sûre d'elle. Mais une fois l'objectif atteint, elle est redevenue « normale ». Je sais bien qu'elle a fêté son exploit pendant assez longtemps, mais enfin tout de même ! J'aimerais comprendre comment un type comme Bollettieri peut amener des joueurs et des joueuses aussi haut, et pourquoi beaucoup d'entre eux chutent ensuite vertigineusement. J'aimerais résoudre cette énigme parce que techniquement, la « méthode Bollettieri » son approche mentale, même sujette à caution, doit être formidable. A étudier, en tout cas.

En France, je pense que Régis est le meilleur, même si beaucoup de gens mettent sa réussite sur le compte de la chance... celle de m'avoir trouvée ! Flatteur, évidemment, mais archifaux. Bien sûr qu'il faut un peu de chance pour qu'un projet se réalise, mais ce que tous ces coaches ont d'abord en commun, c'est une connaissance et une passion sans bornes pour le jeu. Et la force de caractère de ne pas épargner leur joueuse. Il n'y en a pas beaucoup qui osent dire à la joueuse qui les emploie ses quatre vérités. Parce que si elle ne veut pas les entendre, que fait-elle ? Elle les congédie ! « Hop, va-t-en, disparais ! Je prendrai un coach qui saura reconnaître mes qualités ! » Van Harpen est quelqu'un qui a toujours parlé franchement à ses joueuses tout en sachant parfaitement qu'il s'exposait à la rupture.

Souvent, les joueuses, comme dans un couple en difficulté, préfèrent rejeter la faute sur l'autre, et parfois rompre, plutôt que de reconnaître leurs torts. Mais quand elles parviennent à surmonter ce réflexe naturel, elles arrivent à mettre en place une véritable synergie qui les fait galoper vers le succès. On verra si Anna Kournikova va supporter ce régime, car une chose est sûre, Van Harpen ne va pas lui répéter à longueur de journée qu'elle est la plus belle. Et j'imagine qu'elle l'a choisi précisément pour cela.

En tout cas, la plus récente et la plus spectaculaire réussite est à mettre au compte de l'association Van't Hof-Davenport. Entre eux, c'est du solide. Ancien champion universitaire américain, ce Californien est à l'image de sa joueuse, réfléchi, discret, stable. Ils ont énormément de respect l'un pour l'autre. Petite fille, elle a beaucoup souffert des moqueries sur son physique. Sa frappe de balle étant déjà très lourde quand elle jouait chez les juniors, elle avait l'habitude d'infliger quelques séries de 6-0 à des adversaires balayées par sa puissance, ce qui lui valut le surnom de « Baggles », en référence à ces beignets américains ronds comme des zéros, mais aussi gras que le beurre. Van't Hof a su, avant d'entamer un travail classique de coach, persuader Lindsay qu'elle était quelqu'un de bien. C'est grâce à lui qu'elle s'est mise à maigrir, puis, se trouvant sans doute plus jolie et plus à l'aise dans son corps (1,89 m, 79 kg), elle a commencé à avoir un peu plus confiance en elle. Il l'a alors persuadée qu'elle avait le potentiel pour devenir numéro 1 mondiale, une grande numéro 1 mondiale !
Avec un jeu d'une pureté rare, une puissance magistrale, un moral apparemment friable mais renforcé à grands coups de succès, elle peut rêver à vingt-trois ans de dominer le tennis pendant plusieurs années. Issue d'une famille très sportive (sa mère et ses sœurs pratiquent le volley de haut niveau ; son père a représenté les Etats-Unis aux JO de 1968 dans cette discipline), elle ne s'embarrasse pas de manières. Elle est elle-même, une

grande fille toute simple. En perdant douze kilos, elle a su modifier l'opinion que les gens avaient d'elle. Elle s'est trouvé des tenues sympas, elle sourit sur le terrain, elle est modeste.

De quoi donner à réfléchir à des filles comme Anna, Helena et les autres... A leur place, je me dirais en pensant à Lindsay : « Tiens, voilà une fille qui s'est faite toute seule, qui ne doit son bonheur qu'à son talent et à son intelligence. » Question tennis, Lindsay est devenue exceptionnelle. Elle a une profondeur de balle et une régularité étonnantes par rapport aux risques qu'elle prend. C'est Martina Hingis qui disait en Australie, après avoir frisé la correction : « Avec Lindsay, c'est bing, bang, ligne, ligne ! » Encore un tout petit peu gênée sur les balles basses, ses frappes sont d'une pureté à faire pâlir d'envie. Sa volée excellente lui a permis de remporter — notamment avec sa camarade Zvereva avec qui elle a fait un peu la bringue du temps où elles partageaient le même appartement — de nombreux titres du Grand Chelem. Moins rapide que celui des sœurs Williams, son service est réglé comme une pendule, et elle pourrait mettre première et deuxième balles dans une soucoupe tout en respectant une vitesse moyenne de 160 km/h. Quant à son jeu de jambes, très perfectible, je suis sûre que Van't Hof a déjà une idée de la manière dont il va l'aider à l'améliorer. Détentrice de trois titres du Grand Chelem, il ne lui reste plus qu'à conquérir Roland-Garros. Quant à moi, je rêve de la défier à Wimbledon.

10

Amélie la fougue à l'école Noah-Leconte

Après avoir été, durant de longues années, l'élève de Régis de Camaret, Isabelle Demongeot a créé un « Team » dont le fer de lance est Amélie Mauresmo. C'est pourquoi j'observe Amélie sous un angle particulier, et la regarde vivre à sa manière, à l'opposé, philosophiquement, de la mienne.

Je n'ai pas tellement gardé d'attaches à Saint-Tropez, même si beaucoup de gens continuent à m'appeler « la Tropézienne ». Surnom qui a longtemps permis aux journalistes qui relataient nos « exploits », ceux d'Isabelle Demongeot et les miens, d'éviter les répétitions. En fait, seule Isabelle méritait cette appellation, car je n'étais tropézienne que d'adoption. J'y suis restée de 1981 à 1991, année où Régis et moi avons envisagé de monter un centre d'entraînement à Biarritz. Je voulais vivre sur la côte basque pour y retrouver mes racines. Quant à Régis, il pouvait espérer acquérir là-bas le club dont il avait toujours rêvé. Finalement, il s'y est installé aussi, avec sa famille. Une page était tournée.

Quand j'ai débarqué au tennis des Marres à Saint-Tropez où Régis de Camaret entraînait plusieurs joueuses, j'avais énormément d'admiration pour Isabelle qui était classée 0 et possédait une technique fabuleuse. Moi, j'étais 15/3 et j'avais des lacunes énormes. L'année suivante, elle était classé − 15 et moi 0. Elle a fait ses premières armes sur le circuit un an avant moi. Je l'ai rejointe ensuite. Ce fut une épopée épique. Nous louions une seule chambre pour des raisons de budget. Parfois, nous étions quatre. Quand Régis voulait lire le soir, il devait aller dans la salle de bains et s'installer dans la baignoire. La plupart du temps, il y passait la nuit.

Nous fûmes à tour de rôle numéro 3 et numéro 4 au classement français, puis j'obtins la place de numéro 1.

Au début, Régis entraînait Isabelle plus que moi, et moi, j'étais tout le temps demandeuse. Je voulais progresser, et quand il ne pouvait pas me faire jouer, je restais des heures à le regarder donner des leçons. Le caractère d'Isabelle l'amenait à s'opposer à Régis beaucoup plus que je ne le faisais. Elle n'hésitait pas à contester ses remarques. Il arrivait que le ton monte tandis que, pour ma part, j'encaissais le plus souvent.

Le temps passant, Isabelle commença à se tourner beaucoup plus vers l'extérieur. Un jour, elle revint d'un Masters au cours duquel elle avait si bien joué le rôle de sparring-partner de Navratilova que le coach de celle-ci, Mike Estep, lui avait concocté un programme pour l'année suivante. Ce qui était assez flatteur. Toute contente, elle le montra à Régis qui lui répliqua : « Ce programme est très bien, mais il faut trouver l'entraîneur qui va le réaliser. Je veux bien assurer le travail que je fais mais pas celui des autres ».

D'altercations en reproches permanents, la séparation devint inéluctable et violente. Elle laissa des traces indélébiles. Je souffris terriblement de cette situation. Clin d'œil du destin, après sa retraite, Isabelle Demongeot est devenue le coach d'Amélie Mauresmo.

Aujourd'hui, mes rapports avec Isabelle Demongeot ne sont pas mauvais sans être très chaleureux non plus. Elle m'a invitée à son jubilé. J'ai participé plusieurs fois à son tournoi de Cergy. Une forme de hasard a prolongé notre rivalité par personne interposée, en l'occurrence Amélie. Cela ne manque pas de sous-entendus symboliques, mais Amélie et moi vivons nos carrières chacune à notre manière sans nous soucier l'une de l'autre.

Entre nous, les relations sont bonnes. Elle représente l'avenir et moi le passé. C'est clair. Elle a disputé sa première finale en Grand Chelem à dix-neuf ans, et moi à trente. Je sais ce que j'ai accompli et ce que cela m'a coûté. J'ai vécu quinze ans pour le tennis (ou presque). Si j'ai tenu, c'est parce que je suis restée mentalement disciplinée. C'est pourquoi je suis sceptique quand je vois des filles choisir volontairement une autre voie. Néanmoins, son bilan est exceptionnel, à la mesure de son talent, et je la crois tout à fait capable de devenir numéro 1 mondiale. Mais un tel objectif ne s'atteint pas comme ça, aussi talentueuse soit-elle.

En Australie, Amélie tire un parti incroyable d'une surface, le Rebound Ace, qui lui permet d'obtenir un rendement maximum de son jeu, basé sur un lift énorme et puissant, et sur des changements de rythme. Elle a réussi à se créer une image de terreur sur cette surface qui entraîne une espèce de syndrome collectif. Lorsque les filles l'affrontent là-bas, elles ont peur. Alors, imperceptiblement, elles reculent. Elles n'arrivent pas à attaquer la balle sur les coups d'Amélie. Poussées à commettre des fautes inhabituelles, Pierce, Davenport ou Hingis, qu'Amélie a battues à la suite à Sydney (début 2000), s'agacent et la laisse prendre l'ascendant.

Pourtant, que s'est-il passé au tournoi suivant ? Echaudées, les Top ont serré le jeu, et on a retrouvé comme par hasard Hingis et Davenport en finale, tranquilles, sans perdre un set en chemin, tandis qu'Amélie, qui redécouvrait la pression d'un tournoi du Grand Chelen avec une foule entière en quête d'idole à vénérer, s'est fait battre par Patty Schneider au deuxième tour.

Toute la difficulté du tennis féminin est résumée dans cette tranche d'actualité, dans cette obligation que vous avez de remettre chaque semaine votre réputation en jeu. Et si Amélie ne se donne pas les moyens de travailler en continu, sa courbe de résultats suivra un profil de montagnes russes pas évident à assumer, surtout quand on est encombré d'une notoriété qui dépasse largement le cadre sportif.

Et puis, sont parfois lancés à vos trousses beaucoup de gens impatients et volubiles qui vous attendent au tournant, souvent bien peu capables de comprendre ce qui vous arrive. Avec son jeu, Amélie peut « éclater » tout le monde, surtout sur terre battue, mais à la condition expresse de rentrer dans le terrain. A un mètre derrière la ligne de fond, façon Sabatini, ça ne peut pas marcher. Et pour que ça marche, il faut allier un mental et des qualités physiques hors normes, qu'elle possède déjà potentiellement, mais aussi un service et une volée qui vont lui demander encore beaucoup de travail.

Contrairement à moi qui ai bâti ma carrière sur la patience et la réflexion, Amélie joue sa partition avec passion et par à-coups. Désire-t-elle quelque chose ? Elle y va à fond, avec fougue, pour se faire plaisir. Il faut la voir dans les vestiaires, cinq minutes avant d'entrer sur le court, en train de jouer au basket avec une grosse balle jaune et rire avec son entourage, la musique à fond dans les oreilles... En quinze ans de vestiaire, je n'ai jamais vu une joueuse s'échauffer ainsi.

Amélie explique qu'elle veut avoir du plaisir à gagner. C'est une évidence, on est toutes là pour ça. Lorsque vous perdez, vous n'avez aucun plaisir. Même quand vous gagnez en faisant un mauvais match uniquement parce que votre adversaire était encore plus nulle que vous, c'est (presque) aussi désolant. On a juste l'espoir qu'au tour suivant les choses vont s'améliorer. On peut même éprouver d'agréables sensations en battant une joueuse dont tout le monde se contrefiche, mais seulement au cours d'un de ces matches de rêve où l'on sent que l'on maîtrise tous les paramètres du jeu de bout en bout. Dans ce genre de match, vous jouez avec l'adversaire anonyme comme un chat avec une souris et vous en tirez un plaisir que les autres ignorent. Mais l'apothéose, c'est évidemment de battre la numéro 1 (ou 2) mondiale en faisant le match parfait. Et ça, lorsque on a eu la chance d'y avoir goûté une fois, on ne rêve plus

91

que d'en reprendre une part ! C'est tout simplement fabuleux. Vous marchez sur la lune. Vous êtes intouchable. A la limite de prendre un « melon » énorme. Vous commencez à lâcher des paroles que vous ne vous seriez jamais cru capable d'oser prononcer. Intouchable ! Littéralement. Rien ni personne ne peut plus vous « toucher ». Ni vous faire mal, ni vous blesser. C'est impossible, car vous êtes au-dessus. Au-dessus du monde, au-dessus des gens. Vous volez ! Les gens vous regardent depuis la terre...

La chute est terrible. Bien entendu.

Et je ne la souhaite à personne. Amélie estime qu'elle a obtenu ses meilleurs résultats quand elle a inversé la tendance classique. Tennis à outrance-vie agréable. Elle considère qu'elle a besoin de « s'éclater » pour bien jouer au tennis. C'est l'école Noah.

Mais, à l'inverse de Yannick qui a toujours pris soin d'associer Patrice Hagelauer, son coach, à son titre de Roland-Garros, Amélie s'emploie à mettre une distance entre ses entraîneurs et elle. Elle dit redouter qu'un jour l'un d'entre eux puisse dire : « Mauresmo, si elle est arrivée, c'est grâce à moi. » Quel sens donner à cette crainte ? Dans le tennis « pro », personne ne peut y arriver seul. Il faut accepter de s'entendre dire la vérité. La sincérité est la clé même de la réussite. Comment espérer progresser si vous n'acceptez pas qu'un coach vous dise si ce que vous faites est bon ou mauvais pour vous ? Apparemment, elle refuse à un coach un pouvoir qu'elle accorde sans limites à son amie. Bien que celle-ci soit à l'évidence un formidable moteur de motivation, que peut-elle en revanche lui apporter sur le plan tennistique ? Amélie a-t-elle raison ou tort de ne s'en remettre qu'à son jugement ? L'avenir le dira !

L'an dernier, à Berlin, je venais de perdre contre Barbara Schett 7-6 au troisième set, et j'avais besoin d'un peu d'isolement. Je m'étais réfugiée sur un canapé dans le salon des joueuses où j'avais fini par m'assoupir. Tout à coup, un éclat de voix aussi violent et soudain qu'un coup de tonnerre me fit sursauter. Je levai la tête pour voir ce qui se passait. La violence verbale de la scène à laquelle j'assistai malgré moi me mit mal à l'aise.

J'étais choquée, suffoquée. Comment l'amie d'Amélie pouvait-elle tenir des propos aussi durs, alors que celle-ci, souffrant d'une douleur à la cuisse, venait de perdre contre Dragomir, une joueuse dont il est si difficile de sortir des griffes, surtout sur terre battue.

Je verrais d'un mauvais œil que mes parents ou mon copain me disent ce que je dois faire sur un court. Si je paye un coach, c'est que je le juge compétent pour faire ce travail.

Je crois sincèrement que pour qu'une joueuse arrive au top il faut impérativement que son entourage soit solide et que chacun reste à sa place. Mauresmo veut vivre à la Noah, à la Leconte ? C'est un choix respectable, mais moi je trouve que ces deux joueurs n'ont pas fait la carrière que leur talent leur permettait d'envisager parce qu'ils n'ont pas été assez constants. En plus, c'est vrai qu'ils s'en sont plutôt bien sortis en termes d'image. Seulement, Yannick écoutant les Bee Gees au volant d'une décapotable rose le long d'une plage de Miami, c'est un cliché qui a vingt ans. L'âge d'Amélie. L'époque des Princes de la nuit est bel et bien révolue. Définitivement enterrée sous les gravats du vieux Roland-Garros.

11

Quand Julie téléphone à Mary

En 1996, Julie Halard-Decugis et Mary Pierce se sont entendues pour provoquer la venue de Yannick Noah dans l'équipe de Fed Cup (l'équivalent de la Coupe Davis pour les femmes). Initiative heureuse puisqu'elle allait déboucher sur un succès. N'empêche qu'elle exigeait, selon moi, un temps de réflexion.

Pour moi le tennis féminin est un monde qui s'apparente à un milieu d'affaires. Une joueuse c'est une entreprise. Nous fonctionnons comme des sociétés dont nous sommes les patronnes. D'ailleurs Régis m'appelle « la patronne », et quand je joue mal je l'entends maugréer derrière moi : « C'est qui la patronne ? » Soumises en permanence au stress de la concurrence et aux erreurs de gestion, nous embauchons des collaborateurs. Parfois avec succès. Parfois à tort. J'ai connu des coaches qui ont pressé des joueuses comme des citrons et qui les ont laissé tomber sitôt qu'elles n'ont plus eu les moyens de les payer. Mais dans le tennis féminin, il n'y a pas de tribunal de commerce, pas d'ANPE, et, surtout, pas de formation. Certaines se marient avec leur « associé » pour fonder alors une entreprise familiale. Nous cherchons à faire triompher notre savoir-faire sur un marché porteur mais de plus en plus concurrentiel. Nous veillons à préserver nos outils de travail, en l'occurrence notre corps et notre mental, tout en prenant des risques. Qui n'avance pas recule, on le sait bien. Nous nous tenons au courant de tous les progrès techniques. Malheureusement, plus nous vieillissons, plus les risques de blessures sont importants. Si la machine est bien huilée, elle ronronne agréablement. Pour nous maintenir parmi les meilleures, nous développons parallèlement différents secteurs : technique, communication, promotion, investissements à court et long termes. Même si nous rêvons d'harmonie, nous savons bien que tous les coups sont permis et que, au fond, nous avons toutes la même idée en tête, partir seule devant et remporter toutes les médailles. Dans le fond, le chiffre d'affaires est secondaire.

Fer de lance de l'entreprise, la joueuse en porte tout le poids, mais elle est aussi la première à récolter des bénéfices à la hauteur des objectifs atteints. Si Régis ne m'avait pas poussée à voir plus grand, je me serais peut-être contentée d'une suprématie française. J'avais battu Pascale Paradis, symbole du système fédéral en pleine « guerre » Fédération-entraîneurs privés, et quand on m'annonça quelques semaines plus tard au téléphone que j'étais devenue numéro 1 française, j'en ai pleuré de joie. Pour un peu cela m'aurait suffi. Je ne voyais pas ce que je pouvais obtenir de plus précieux que ce titre strictement symbolique et sans grande valeur compte tenu du niveau du tennis français à l'époque sur la scène internationale.

Ma petite entreprise ne connaissait pas la crise... jusqu'au jour où je me retrouvai en concurrence directe avec une vraie multinationale, Mary Pierce, jeune prodige made in USA. Un physique d'enfer, des coups d'une puissance inouïe, un accent à couper au couteau, j'en restais interdite. Contrairement à moi qui avais un tennis très académique, mais obsolète, Pierce possédait un jeu consternant de simplicité mais terriblement avant-gardiste et prometteur. A quinze ans, elle incarnait le tennis moderne. Au départ, je me refusai à considérer Mary comme ma rivale principale. Je n'imaginais pas

95

de *mano a mano* entre nous. Pour moi, elle n'était pas vraiment française, et à partir du moment où elle n'avait pas emprunté le même parcours que moi, il était normal de continuer à cultiver nos différences sans chercher à tout prix à les mesurer. Mais la Fédération voulait m'embêter, moi, en montrant Mary comme un exemple de réussite « made in France ». Cela me paraissait tout à fait injuste. Car si je n'étais pas le fruit du système, Mary l'était encore moins, en dépit des efforts des responsables de la Direction technique pour le faire croire aux médias. J'entends d'ici les commentaires : « Cette Tauziat est complètement paranoïaque ! » Non ! Vraiment. Je suis sensible, voire parfois un peu susceptible, mais pas « parano ». La vérité c'est que la Fédération a tout bonnement offert un pont d'or à Mary Pierce.

J'étais onzième mondiale à l'époque et n'avais jamais bénéficié du moindre effort de promotion en rapport avec mes résultats. Tout était fait au contraire pour les minimiser, uniquement parce que je représentais le privé. Les gens de la FFT vivaient ma réussite comme un camouflet. Ils défendaient bec et ongles un système qui ne produisait pas de meilleures joueuses que moi. Ça la fichait mal ! J'étais une contre-pub ambulante. Vous imaginez l'effet sur les petits copains entraîneurs des pays voisins ? Et sur les parents des jeunes espoirs ? Alors, les responsables de la Direction technique se sont servis de Mary pour faire écran. Promotion, invitations, tapis rouge, wild cards, déclarations à l'emporte-pièce : « Mary, future numéro 1 mondiale ! » Et moi ? Rien. Comme si je n'existais pas. Je n'en voulais pas à la joueuse directement. Au fond, on est toutes tentées de saisir les bonnes occasions qui se présentent, et je n'aurais sans doute pas agi différemment à sa place. C'est humain. Mais j'en voulais tellement aux gens de la Fédé ! Et au directeur technique national en particulier. Depuis qu'il m'avait écartée lors de ce fameux Tour de France bien des années auparavant, il s'était obstiné dans ses convictions. J'aurais pu faire les pieds au mur ou jouer de la main gauche, il n'aurait pas levé un œil sur moi. Pour qu'il ait raison, il fallait que je me plante.

A la Fédé, à l'époque, il n'y avait que deux anciens champions qui étaient sympas avec moi. François Jauffret, qui tenait à ce que je joue en équipe de France, me témoignait du respect et ne se montrait pas sectaire vis-à-vis de Régis. Et Françoise Durr, bien sûr, qui a toujours été adorable avec moi et qui est devenue une amie.

Quand j'ai vu débarquer Mary dans l'équipe de France... je n'en suis pas revenue ! C'était n'importe quoi ! On était à Atlanta. Elle se levait à midi, personne n'osait rien lui dire. Il y avait son père qui l'entraînait de son côté. Elle était remplaçante. Il n'était pas question qu'elle joue, mais c'était elle, la star. Et nous, Isabelle Demongeot, Pascale Paradis et moi, les petites Cendrillon, tout juste bonnes à aller au charbon.

C'est sûr qu'à partir de là sa présence m'a vraiment motivée. C'est grâce à elle que j'ai vu plus grand. Je l'ai d'abord battue en exhibition mais sans plaisir parce que, arrivant des Etats-Unis, elle était ce jour-là hors d'état de défendre ses chances, puis à Wimbledon. Le lendemain, j'ai découpé le billet de Jacques Carducci dans *L'Equipe* qui parlait de « vengeance saine et sportive ». C'était bien vu. Je ne voulais pas autre chose : démontrer que moi aussi j'existais. J'avais contenu tout cela à l'intérieur pour ne pas avoir l'air de jalouser Mary de façon mesquine, mais l'article en quelques mots dévoilait tout ce que j'avais voulu cacher, et j'en fus soulagée.

Mary, c'est une fille que j'aime bien et que je respecte énormément. Elle a été troisième joueuse mondiale, elle a remporté l'Open d'Australie, disputé la finale de Roland-Garros. Elle a traversé des épreuves douloureuses avec des parents pas faciles. Aujourd'hui, elle est indépendante, épanouie, elle est fiancée avec un joueur de base-ball, Roberto Palomar, *second base* à Cleveland, qui sait ce que représente la compétition de haut niveau. Ça fait deux ans que je suis avec elle dans le Top Ten et cela se passe très bien entre nous. Aujourd'hui, elle n'en a plus rien à faire de cette rivalité à l'échelle française.

En fait, elle est de moins en moins française, Mary. Elle se fiche qu'on l'aime ou pas ici. Tout l'attire vers la Floride : le soleil, les mentalités, ses habitudes, son copain, ses entraînements. Et je me doutais bien que cela finirait ainsi. C'est pourquoi je vivais comme une forme d'usurpation cette volonté de la Fédération française d'exploiter la fibre française de Mary.

Avec la France, elle s'est conduite d'une manière très honnête. Elle a profité d'un système. A renvoyé l'ascenseur en disputant et en remportant la Fed Cup. Ensuite, elle n'a pas trop apprécié que, lors de la victoire de la France sur les Pays-Bas en 1997, tout le mérite en soit revenu à Sandrine Testud, qui apporta le point décisif, et à Yannick Noah qui, comme d'habitude, focalisa malgré lui tous les faisceaux médiatiques. Elle se sentit un peu laissée pour compte alors qu'elle avait apporté une large contribution à la victoire de l'équipe. Mais comme aucune télévision n'avait retransmis la rencontre dans son intégralité, sa contribution passa complètement inaperçue. Sa décision de prendre du recul par rapport à l'équipe pour mieux se consacrer à sa propre carrière ne fut que plus facile à prendre, le sentiment d'avoir rempli son contrat en professionnelle mettant un terme à ses hésitations.

A présent, je considère Mary, même si je l'ai devancée au classement mondial, toujours comme une locomotive. On est loin des premières escarmouches. Quand je commentais son match formidable contre Davenport à l'US Open 1999, j'avais des frissons partout car je ne l'avais jamais vue se battre avec autant de cœur. J'étais à fond pour elle. Je voulais qu'elle l'emporte. Elle y a cru d'ailleurs, durant quelques fractions de seconde, le temps de voir sa balle sortir de deux ou trois millimètres. Un vrai supplice qu'elle ne méritait pas parce qu'elle a fait des efforts extraordinaires pour aller au bout de son potentiel.

Il est des rivalités qui commencent bien et finissent mal. J'ai connu cela avec Isabelle Demongeot. Puis Julie

Halard. J'ai toujours utilisé l'émulation pour progresser. Quand j'ai vu Julie arriver dans le Top Ten, je me suis dit : « Zut ! Ce n'est pas le moment de flancher. » Comme dans une course de F1, j'ai accéléré, j'ai remonté la piste, refait mon retard, et hop, je l'ai doublée. On s'est beaucoup apporté l'une à l'autre, surtout lorsqu'on a joué le double ensemble. On avait pour objectif une médaille aux JO d'Atlanta, mais finalement elle s'est blessée et j'ai joué avec Mary. Depuis, Julie et moi sommes en froid.

Elle me reproche sûrement de ne pas lui avoir téléphoné régulièrement quand elle était blessée. Mais le fait de ne jamais pouvoir lui parler directement m'a agacée et lassée. Et puis, c'est difficile de savoir quoi faire dans ce genre de situation, parce que chacune d'entre nous a sa manière de réagir face à ses difficultés.

Moi, quand ça va mal, je fuis tout le monde, mais plus particulièrement mes rivales françaises. Je me barricade dans ma chambre. Je ne prononce pas un mot. Je reste prostrée. Je ne réponds même pas au téléphone. Je me répète : « Pourquoi ? Pourquoi ? Pourquoi ? » Et j'analyse. Je décortique tout. Je suis horriblement mal dans ma peau. J'ai peur de sortir parce que j'ai l'impression qu'on va m'écraser. Je me sens minable. Ma place n'est pas là où je prétends être. Je suis dans le trou, je m'y cache. C'est un réflexe d'autodéfense.

La dernière fois que j'ai ressenti cela c'était en 1999, à Moscou où j'ai perdu mes trois points en Fed Cup contre la Russie. Mais, pour comprendre, il faut reprendre le fil de l'histoire au moment où j'arrive à la réception de mon hôtel à Filderstadt fin 1996. Message : « Rappeler Mary Pierce. » Tiens ! Elle ne m'a jamais téléphoné, je me demande ce qu'elle me veut. Je rappelle de ma chambre. Mary au bout du fil.

« Salut, Nat. Voilà j'ai discuté avec Julie [Halard-Decugis], on voudrait changer le capitaine de Fed Cup. C'est Julie qui en a eu l'idée. Moi je suis d'accord...

— Ah oui ! Et vous voulez mettre qui à la place de Françoise Durr ? !

— Eh bien on a pensé... à Yannick Noah !

— Quoi ? ! ? !

— Oui, Yannick Noah ! On s'est dit : "Il a aidé les garçons à gagner la Coupe Davis deux fois. On pense qu'il pourrait nous apporter quelque chose..." »

Une fois remise de ma stupéfaction, j'ai répondu : « Et depuis quand Yannick Noah s'intéresse-t-il au tennis féminin ? »

12

Yannick Noah, une histoire sans paroles

Bien que nous ayons été co-numéros 1 français pendant des années, Yannick Noah était pour moi un extra-terrestre. Si sa carrière fut un succès, elle comporte aussi des frustrations. Nous aurions pu avoir tous les deux d'intéressantes conversations si nous n'étions restés chacun sur notre quant-à-soi.

On a dit que je m'étais opposée à ce que Yannick devienne capitaine de l'équipe de Fed Cup. C'est faux. Au contraire, je trouvais ça super, mais avant de m'engager, je voulais savoir quel intérêt il portait au tennis féminin. J'étais restée plus de sept ans numéro 1 française, et nos routes ne s'étaient jamais croisées. Je ne l'avais jamais aperçu dans un tournoi féminin. Je n'étais pas contre sa venue parmi nous, mais, pour moi, Yannick Noah, c'était un extra-terrestre. L'habitant d'une autre planète, un mec inabordable, une star, un homme pressé, un séducteur, un grand joueur, tout ce que vous voulez mais... mais capitaine de Fed Cup ? Je ne voyais vraiment pas la connexion. A part éliminer Françoise Durr, je ne trouvais pas de logique à la manœuvre. Je me demandais aussi ce que Julie et Mary avaient à y gagner. Je dois sans doute vous paraître méfiante et bien terre à terre, mais dans le sport pro, il est rare que quelqu'un prenne une initiative de cette envergure sur un coup de tête et uniquement pour le bien de la communauté. Derrière ce genre de proposition se trouve le plus souvent un intérêt personnel. N'ayant néanmoins pas grand-chose à redire, je me contentai de rappeler que Yannick Noah ne s'était jamais intéressé au tennis féminin et avait tout à apprendre.

Les filles étaient d'accord avec moi, mais elles me démontrèrent que l'essentiel n'était pas là. Qu'il nous apporterait un plus, médiatiquement et humainement. L'avenir leur donna raison car nous l'avons toutes respecté, et cela a changé énormément de choses dans l'équipe. Je peux même dire *a posteriori* que cela nous a aidé à gagner l'épreuve. Je demandai simplement et obtins que Françoise Durr soit maintenue dans l'équipe. Mes coéquipières me prièrent alors d'annoncer moi-même la nouvelle à Françoise Durr, sous prétexte que j'étais son amie. Je trouvai cela gonflé de leur part. Après tout, elles n'avaient qu'à assumer leur choix. Ce n'était pas à moi, qui étais la moins favorable au changement, d'endosser cette responsabilité. De rumeur, mon opposition à Noah passa pour une information certifiée. Et comme l'instigatrice du changement, Julie Halard, ne faisait plus partie de l'aventure en raison d'une grave blessure, la situation semblait bien mal embarquée.

Mais, en fait, il nous fallut peu de temps pour être certaines d'avoir fait le bon choix. Yannick fut un capitaine exemplaire, même si je regrette qu'il ne soit pas plus venu vers moi. Avec les autres, il parlait beaucoup, individuellement, pour savoir comment elles se sentaient, comment elles ressentaient le match. Moi, non. J'imagine qu'il se disait : « Elle est plus âgée, elle a de l'expérience, elle fonctionne avec le même coach depuis des années, elle n'a pas autant besoin de moi. » Alors que si. J'avais besoin de lui. Ça m'aurait fait plaisir qu'il fasse le pas. Je n'ai rien montré, il n'a rien su. On est restés comme des idiots dans notre coin, alors qu'on aurait pu s'apporter sûrement beaucoup.

Bref... Collectivement, l'ambiance était super. Les semaines passées ensemble étaient fondées sur la rigueur et le respect. Les horaires étaient stricts, et celles qui n'étaient pas contentes savaient qu'elles pouvaient rentrer chez elles, Yannick ne les aurait pas retenues. Du coup le travail était plus rigoureux, mieux suivi que par le passé. On se levait de bonne heure, on courait, on faisait du yoga, on rigolait bien à table où on mangeait léger. Les filles étaient sous le charme. Moi aussi, du reste. Mais moins que les autres. Parce que, au fond de moi, comme je l'ai évoqué plus haut, je pense que Yannick n'est pas allé au bout de ses capacités. Le talent qu'il avait ! Il aurait pu être tellement meilleur ! Pourquoi avoir joué toutes ces années aussi crispé, ne se fiant qu'à son audace, à ses coups de bluff ? Il n'y a qu'à la fin, quand il a découvert le yoga, qu'il a travaillé en fluidité, mais c'était trop tard. Pourquoi ne pas avoir misé sur le long terme ? Pourquoi ne pas avoir eu la constance de se bâtir un physique solide au lieu de passer un tiers de sa vie à l'infirmerie ? Bien sûr que je l'admire, Noah, et si je n'étais pas aussi « blindée », je le lui aurais dit en face. Mais là où les filles lui trouvaient du panache, moi j'y voyais une forme de gâchis. Quand, toute jeune, je lisais dans la presse ses exploits extra-tennistiques, contrairement à la plupart des gens, cela ne me faisait pas rigoler. A moins de discuter face à face et longuement — ce que nous n'avons jamais fait —, lui et moi ne pouvons pas nous comprendre. J'imagine que mon quotidien doit le consterner, lui qui a connu tant d'émotions dans sa vie. Il représente tout ce que j'ai combattu toute ma vie : le travail à court terme. Par à-coups. Tout d'un coup on bosse comme des dingues, on fait un hold-up et hop ! On disparaît. Pour moi, cela ne rime à rien. Du point de vue des ressources et de la motivation, c'est fabuleux, mais pour le sport ? Je ne comprends pas.

Voilà pourquoi j'étais distante. Trop timide pour oser lui dire ce que j'avais vraiment sur le cœur. En plus j'étais vraiment impressionnée par son attitude, sa gentillesse, sa manière si douce de parler. Je ne me voyais pas lui dire : « Viens sur le court, je vais te montrer un truc qui aurait peut-être pu améliorer ton coup droit ! »

Le « plus » qu'il a apporté, on l'a remarqué dès l'embarquement pour le Japon en 1997. Rien qu'à l'aéroport, nous étions fières de voyager avec lui et curieuses de voir comment il était dans les petits gestes de tous les jours. On était joyeuses, émoustillées. Une fois arrivées à Tokyo, toutes les filles s'employaient à lui montrer combien elles étaient excellentes. Lui, fidèle à sa philosophie, a essayé de développer entre nous une certaine forme d'amour, mais il s'est aperçu qu'entre filles l'entreprise était plus délicate qu'entre hommes. Toutefois, il instaura une ambiance qu'on n'avait jamais connue et qu'on n'a plus vécue par la suite. En fait, on avait réalisé qu'en marchant dans cet esprit chacune avait à y gagner. C'est plutôt ce qui nous motiva. Pour Yannick, tout le monde accepta de changer ses petites habitudes, et c'est ainsi qu'on vit plusieurs jours de suite Mary au petit déjeuner à 8 heures ! Autrefois, on ne la voyait jamais avant 14 heures ! Grâce à l'autorité de Yannick, nous nous sentions toutes logées à la même enseigne, et ce sentiment de justice nous fit un bien considérable. Ajoutez à cela une alimentation équilibrée, des cours de yoga. Tout est facile, tranquille, super cool. Je suis arrivée sur le court pour mon premier match armée d'une assurance que je n'avais pas eue depuis des mois. A l'époque, je sentais que je n'étais pas loin de la vérité, mais mon jeu d'attaque était encore trop irrégulier. Du coup, il m'arrivait de retomber dans mes anciens travers.

J'entrai sur le court déterminée et fière que Yannick m'ait sélectionnée. Numéro 2 de l'équipe, je réussis l'exploit de battre Ai Sugiyama, numéro 1 de l'équipe adverse, devant son public, 6-4 au troisième set. La rencontre se poursuivit, et je me trouvai le lendemain à jouer le premier point décisif contre Naoko Sawamatsu que je remportai sur le score de 7-5, 4-6, 17-15. Un match qui est entré dans les annales puisqu'il s'agit du record de durée (et du nombre de jeux disputés) d'un troisième set en Fed Cup. Mais surtout un match gravé à jamais dans ma mémoire.

J'ai un mal fou à aller vers les gens et, fidèle à mon image, je me suis retenue vis-à-vis de Yannick. Je lui ai sauté dans les bras sans réfléchir, et puis vite je suis revenue à plus de froideur.

Ce match n'avait pourtant été qu'émotion. J'avais joué un tennis de rêve en montant toujours à bon escient, en faisant claquer des volées magnifiques sous les encouragements de mon capitaine et des autres joueuses. Quatre heures dix-sept minutes. Ils étaient restés quatre heures dix-sept minutes tous suspendus à ma raquette, tous retenant leur souffle ! J'aurais pu prolonger ce bonheur, exprimer à Yannick toute ma gratitude, ou je ne sais pas... lui dire tout simplement : « Tu sais, Yan, ça m'a fait vachement plaisir de gagner ce match avec toi. » Au lieu de quoi — je vous jure que c'est vrai — je lui ai dit d'un ton badin : « Yan, il faut que j'aille me préparer pour le double, n'est-ce pas ? » Il m'a regardée, incrédule, m'a souri et m'a dit doucement : « Tu n'es pas bien, Nat ? Tu viens de jouer quatre heures dix-sept minutes. Tu ne crois pas que tu as rempli ton contrat ? » J'ai répondu : « Ah, bon ? J'étais pourtant prête à y retourner. »

Rentrée aux vestiaires j'étais partagée entre le pur bonheur de l'instant, cette émotion qui nous avait réunis, Yannick et moi, le temps d'un regard inoubliable, et puis déjà l'avenir qui se profilait, si beau, si bleu, si plein de promesses : pour la première fois de ma vie, j'avais gagné un match que je n'aurais pas gagné autrement qu'en jouant comme je venais de le faire, en prenant tous les risques. Une nouvelle fois, j'avais réussi à repousser mes limites. Et me délectais de la douce sensation d'avoir gagné le droit de prolonger le rêve. J'étais heureuse, heureuse... Et je ne l'ai dit à personne.

La saison est venue confirmer que Yannick, ainsi que je l'ai toujours pensé, est quelqu'un qui a la baraka. Il transforme en or ce qu'il touche parce que, lorsqu'il croit en quelque chose, il y met toute son énergie, et cette énergie est plus forte que le sort. Pour sa première participation en Fed Cup il nous mena en finale, à

Hertogenbosch, pour affronter les Pays-Bas. La préparation, selon les méthodes « noahssiennes », fut réglée sur une foule de détails qui nous obligea à vivre quinze jours toutes ensemble. Quinze jours ensemble ! Un record qui n'est pas près d'être battu. Il n'y a que lui qui pouvait réussir pareil exploit ! Nous faisions toutes des efforts, mais le soir, nous étions bien contentes de nous retrouver seules dans nos chambres. Si nous avons tenu c'est parce que nous avions toutes conscience de ce que cela pouvait nous rapporter. Sans la perspective d'un succès probable et des avantages qui en découleraient, l'une d'entre nous aurait sûrement fini par « péter un plomb ». Mais toutes ensemble on est parvenu à maintenir l'équilibre.

Nous avons remporté cette épreuve que l'on peut assimiler à un titre de championne du monde par équipes. Je considère cette victoire comme un tournant de ma carrière. Il me manquait un gros truc pour me donner la sensation d'appartenir à l'élite. Ce succès me libéra.

La grande force de Yannick Noah, en Fed Cup comme en Coupe Davis, fut de faire toujours sa sélection en son âme et conscience, et de l'assumer ensuite publiquement. J'estime qu'en ce qui me concerne il y eut une exception et qu'il m'a écartée à Sion face à la Suisse l'année suivante parce qu'il n'est pas allé au bout de ses principes.

Au premier tour de l'édition suivante donc, Yannick Noah ne me retint pas pour les simples, alors que je venais de disputer la finale de Wimbledon. Nous affrontions la Suisse. Sur terre battue, qui n'est pas ma meilleure surface, j'en conviens. Mais je pensais que mon expérience et ma confiance joueraient en ma faveur. Il n'en fut rien. Cette fois, j'étais vraiment furieuse. J'estimais que c'était parfaitement injuste tandis que les autres filles devaient penser que je le prenais mal et que j'étais tout simplement amère de ne pas jouer. Je l'étais, mais pas d'une manière stupide, pas comme une enfant fait un caprice parce qu'on ne l'emmène pas au square !

J'avais des arguments à faire valoir. Outre mon niveau de jeu du moment, l'ascendant psychologique que j'avais sur nos adversaires, y compris Martina Hingis après Wimbledon. Ça m'est resté en travers de la gorge au point d'en payer cher les conséquences.

13

Fiasco à Moscou

*A travers le triste exemple d'un fiasco total à
Moscou en Fed Cup, qui a marqué les débuts de
Guy Forget dans le tennis féminin, autopsie d'une
rencontre où l'on s'aperçoit que le jeu de tennis ne
se limite pas à de simples coups de raquette : interviennent le passé, l'avenir, l'amour, l'amitié, la
peur. Et les non-dits.*

Un an plus tard, à Moscou, je retrouvai l'équipe
composée de Julie Halard, Sandrine Testud, Amélie
Mauresmo, Alexandra Fusai (Alex), ma partenaire de
double, avec, dans le rôle de Yannick Noah, son pote
Guy Forget, secondé par un entraîneur fédéral, ami
intime de Forget, qui posait des problèmes personnels à
deux joueuses de l'équipe, dont moi. Je fis part de mes
réticences au nouveau capitaine. J'étais à deux doigts
d'envoyer tout sur les roses tant l'ambiance me paraissait pourrie d'avance, mais Guy, qui est un garçon posé,
gentil, et plutôt bien disposé à mon égard, sut me
convaincre que l'aventure méritait d'être tentée.

Pour mettre toutes les chances de notre côté, il nous
avait demandé d'arriver en forme physiquement. Mais
Sandrine arriva blessée et Amélie un peu « fatiguée ».
Julie n'allait pas tarder à se plaindre des abdominaux.
Enfin, Alex allait faire un coup de déprime, mais ça, on
l'ignorait encore. Guy ne put faire autrement que de me
demander si, le cas échéant, je me sentirais capable d'as-

sumer les trois matches : deux simples et le double avec Alex. Je lui répondis, aimable, école de Camaret : « Evidemment, si je n'étais pas capable d'aligner trois matches en deux jours, je ne serais pas joueuse de tennis professionnelle ! » Derrière cette arrogance se cachait déjà mon trouble. Je savais que le lendemain, Guy Forget annoncerait qui disputerait finalement les simples. Ce fut Amélie Mauresmo et moi. Dès que j'appris ma sélection, je commençai à m'enfoncer dans une espèce de terrain mouvant où chacun de mes repères habituels semblait se dérober sous mes pieds. En général, quand une équipe commence à se fissurer, tout fout le camp comme dans une catastrophe naturelle.

Mais n'allons pas trop vite en besogne. Un fiasco, ça se mûrit lentement. J'étais donc retenue, et partout je fis savoir combien j'étais contente. Quelle revanche je prenais, moi qu'on avait si injustement écartée l'année précédente ! Pourtant, au fond de moi, quelque chose ne tournait pas rond. Plutôt que de me confier à quelqu'un, je préférai me mentir à moi-même. Je me disais : « Je vais éclater tout le monde », alors que je pensais : « Nat, tu es en train de te liquéfier. »

La veille du match, je me réveillai avec des courbatures. Diagnostic ? La trouille : je voulais trop montrer aux filles que je méritais ma place. Déjà, jouer pour son pays n'est pas chose facile, mais je me rajoutai un surcroît de pression à cause du foin que j'avais fait à Sion. Je me trouvai dans l'obligation de gagner tous mes matches sous peine de me ridiculiser aux yeux de tout le monde ! C'est du moins ce que je croyais. Une bonne dose de soutien de mes partenaires aurait été le seul baume efficace pour endiguer un tel accès de panique, mais visiblement elles étaient en rupture de stock.

Sandrine Testud, était à l'infirmerie, Alex aux trente-sixièmes dessous et Julie aux abdominaux absents. Restait Guy Forget qui faisait de son mieux pour continuer à avoir l'air relax dans une ambiance qui lui était étrangère, voire un peu hostile. Et comme il n'a pas le même sens de la communication que son prédécesseur, je ne ressentis aucun signe d'encouragement tangible de sa part avant de rentrer sur le court face à la première joueuse russe, Tatiana Panova, qui me lamina. Amélie remit les deux équipes à égalité. Mais je perdis mon deuxième simple. Malgré mon désespoir, j'encourageai Amélie de toutes mes forces, pour qu'elle remette une nouvelle fois l'équipe à égalité et que nous puissions, Alex et moi, remporter ce double décisif qui était largement dans nos cordes. Mais quand je regagnai les vestiaires, j'eus l'impression que Guy avait décidé de ne pas faire jouer Alex. J'en fus contrariée parce que je savais que même en jouant mal, nous arriverions toujours à faire triompher notre expérience.

Bien sûr, on m'avait signalé, pendant le match d'Amélie, qu'Alex était « toute blanche », mais j'étais restée concentrée sur le match en cours. Ensuite, en effet, j'avais retrouvé ma partenaire effondrée, mais sans pouvoir comprendre si elle était dans cet état parce qu'elle ne jouait pas ou bien si elle ne jouait pas parce qu'elle était dans cet état. Je constatai simplement que la confusion était totale et qu'on me demandait, sous prétexte que je la connaissais bien, d'estimer si finalement elle était en état de jouer ou non. Pourquoi personne ne prenait-il ses responsabilités ? Forget et Alex elle-même semblaient attendre une décision de ma part alors que j'étais moi-même complètement dans le trou, prête à assumer 80 % de la déroute mais pas forcément le futur immédiat. C'est alors qu'Alex se mit à pleurer en disant : « Je suis nulle. » Tout le monde lui répondit : « Mais non, mais non ! Tu as pris la bonne décision ! » Moi, je ne savais plus quoi faire. Et tandis que je partais vers le court en compagnie d'Amélie sélectionnée de dernière minute, avec laquelle je n'avais aucune expérience, je ne pouvais m'empêcher de penser : « Mais que s'est-il passé ? Alex m'a-t-elle lâchée ? » Nous n'en n'avons jamais reparlé ensemble.

Amélie et moi avons perdu ce match décisif, et j'ai tout fait pour tenter de surmonter ma honte. Guy a fait un petit speech au cours duquel il a adressé ses

Avec Jana Novotna, à la finale 1998 de Wimbledon. *(Presse Sports.)*

Sur la terrasse de Wimbledon, après la finale de 1998. *(Sport-Vision/G. Ciaccia.)*

Avec sa nouvelle «laï-laï» à Brazzaville. *(DR.)*

Premier revers, à Dax. *(DR.)*

Avec Jérémie le jardinier, et son frère Eric au Tchad, à N'Djamena. *(DR.)*

Premier contrat Lacoste. *(DR.)*

Mes parents, Régine et Bernard. *(DR.)*

Mary Pierce et son père
Key Biscayne, 1992. *(Tennis Magazine.)*

Amélie Mauresmo.
(Sport-Vision/G. Ciaccia.)

Martina Hingis et Mélanie Molitor (sa maman coach)
Finale perdue à Roland-Garros, 1999. *(Sport Vision/G.Ciaccia.)*

Les sœurs Williams.
(Sport Vision/G.Ciaccia.)

Monica Seles. Première
apparition sur le central de
Roland-Garros en 1989.
Elle offre des fleurs au
public. *(Tennis Magazine.)*

Avec Martina Navratilova. Key Biscayne, 1987. *(DR.)*

Avec Steffi Graf. Roland-Garros, 1991. *(Sport Vision/G.Ciaccia.)*

Jennifer Capriati.
(Sport-Vision/G. Ciaccia.)

Avec B.Borg, A. Kornikova et H. Leconte. *(DR.)*

Entraînement physique avec Laurent Terrien. *(Tennis Magazine.)*

Avec son agent, Benoîte-Martine Lardy. *(Sport Vision/G.Ciaccia.)*

Centre d'entraînement de Nathalie Tauziat à Cap-Breton, dans les Landes. *(Tennis Magazine.)*

L'équipe de France vainqueur de la Fed Cup en 1997, en présence de
Marie-Georges Buffet, ministre de la Jeunesse et des Sports. *(DR.)*

reproches à chacune d'entre nous et pris sa part de responsabilité. Même s'il a été plutôt sympa avec moi, je
ne peux pas nier que j'ai bien involontairement fragilisé
sa position. D'un autre côté, je crois qu'il est bien difficile de s'improviser capitaine d'une équipe comme la
nôtre sans passer de longs moments non seulement avec
les joueuses mais aussi avec leur entourage.

Fraîchement débarqué de la Coupe Davis, Guy n'avait
pas très bien saisi le changement de climat. S'il avait
eu des contacts avec Régis de Camaret, il aurait su que
lorsque je panique, mieux vaut me donner un bon coup
de pied aux fesses que de me parler gentiment. Mais
donner un coup de pied aux fesses d'une femme est le
genre de réaction qui doit paraître bien incongru à Guy
Forget. Néanmoins, c'est au prix de réactions adaptées
à chaque situation qu'on peut s'affirmer en tant que
capitaine. Au soir de ma première défaite, il eut la gentillesse de me dire ceci : « Je ne veux pas qu'on te juge.
Je ne te juge pas. Je veux que demain, tu te fasses plaisir
sur le court... » En fait il aurait dû m'attraper au vol et
me dire : « Mais bouge ton cul ! Qu'est-ce que tu fous ! »
En revanche, Alex, il ne faut pas la brusquer. Vous
l'agressez, pouf ! Elle se referme comme une huître. La
psychologie des joueuses de tennis !

Moi j'aimerais devenir capitaine un jour. Certaine-
ment pas tant qu'il restera dans l'équipe des joueuses
avec lesquelles j'aurai vécu une rivalité intense. Je ressens déjà moins de pression avec la génération d'Amélie
parce que nous nous succédons dans la logique du
temps qui passe. Il ne sert à rien d'être capitaine d'une
équipe qui ne vous a pas choisi comme c'est le cas en
Suisse où Hlasek, rejeté par les joueurs, a néanmoins
signé un contrat de cinq ans avec sa fédération. Moi, si
j'étais capitaine, je discuterais avec tout le monde. J'ex-
plorerais à fond l'univers de chaque joueuse : son coach,
ses parents, son copain ou sa copine pour essayer de la
connaître sur le bout des doigts et lui apporter toute
l'aide appropriée. Je m'emploierais à apaiser les jalou-
sies. Je ferais tout un travail au niveau du collectif. Car

il est impossible de demander à des joueuses de tennis qui ne pensent qu'à elles toute l'année d'avoir une mentalité de « sport-co » du jour au lendemain sans s'y investir énormément. C'est peut-être cette difficulté-là que Guy, trompé par le succès de Yannick Noah en 1997, n'a pas tout à fait mesurée en acceptant cette tâche.

Je vous laisse imaginer la tête que j'ai fait quand, annonçant mon programme de fin d'année à mon entraîneur, celui-ci me lança :

« Et tu ne vas pas au tournoi de Moscou ?

— Qui ça, moi ? Au tournoi de Moscou ? Jamais ! »

Et puis je me suis mise à réfléchir. Et à vouloir me prouver que lorsque je suis dans mon élément, avec des conditions favorables, je ne suis pas si nulle. Je me suis souvenue que l'année précédente, c'est en gagnant le tournoi de Moscou que Mary m'avait soufflé ma place fétiche de numéro 1 française. Je décidai de m'y inscrire avec toutefois une légère appréhension que Régis balaya d'une de ses tirades qui agissent sur moi comme un coup d'éperon sur un jeune cheval : « Tu devrais aller à Moscou, parce que tu ne pourras pas faire pire qu'à la Fed Cup. Au lieu de perdre trois matches, tu n'en perdras qu'un ! » Très drôle !

J'embarquais seule dans l'avion. Franchissais la porte du même stade, mais j'évitais l'hôtel qui me rappelait tant de mauvais souvenirs. Il y avait beaucoup plus de contrôles de police un peu partout et une atmosphère différente de celle qui régnait pendant la Fed Cup. Une fois le premier tour passé aux dépens de Panova qui m'avait battue en Fed Cup, entièrement débarrassée de mes frustrations, je me taillai la route jusqu'à la finale que je remportai. Même si elle n'effaçait pas mes regrets, cette victoire flatta un peu mon ego. A peine le match terminé, j'attrapai le premier vol en direction de Paris, avec le sentiment d'avoir lavé mon honneur.

14

Sens dessus dessous

Ma vie sentimentale est enchaînée à ma vie professionnelle et j'ai peu de temps à lui accorder. Pour réussir, je ne pouvais courir deux lièvres à la fois, ni disperser ma concentration, je devais avoir une priorité. Du monde, je ne possède qu'une vue d'ensemble limitée, mais originale. Je vous invite à la survoler.

Quand je gagne, je suis heureuse. Quand je suis heureuse, je me sens bien dans ma peau et j'ai envie de me faire plaisir. Je m'offre des petits cadeaux : une bague, une veste Cerruti, quelques CD. Parfois, tout d'un coup, l'envie me prend d'entrer dans un magasin de lingerie et d'acheter trois ou quatre ensembles coordonnés « pour le fun ». Un jour où je ne trouvais rien d'assez sexy dans mes tiroirs pour rendre visite à mon kiné, j'ai attrapé au vol dans un centre commercial un adorable ensemble de soie mauve dans lequel je me suis glissée avant d'aller à mon rendez-vous. Une heure plus tard, en descendant de la table de massage, je me suis aperçue qu'avec les huiles le tissus violet de ma petite tenue avait déteint sur le drap de massage et sur ma peau. Toujours aussi discret et charmant, mon kiné avait fait comme s'il n'avait rien remarqué. J'ai éclaté de rire en me disant : « Mon Dieu, Nat, ce n'est vraiment pas très pro, tout ça ! »

Ce que j'ai fait de ma vie de femme jusqu'à présent ?

Je la vis en pointillé. Ça ne m'empêche pas de temps en temps... Mais j'évite de m'attacher à quelqu'un. Chez moi tout est cloisonné, et, pour l'instant, la place allouée à la vie sentimentale n'est pas de taille face à celle que j'accorde au tennis. L'équilibre s'inversera quand j'arrêterai ma carrière. Tout simplement. Mais jusqu'à présent, j'ai éprouvé un tel besoin de me blinder que j'ai verrouillé ce qui aurait pu trop m'émouvoir. Je suis certaine que si je m'étais laissée aller à trop de sentiment, trop de partage sincère avec un homme, j'aurais fondue comme un sucre et je n'aurais jamais pu me battre comme je me suis battue. Et je ne me serais jamais construite comme je me suis construite. Avant d'être une femme comme les autres, toute simple, avec un mari, des enfants, des copains, il m'aura fallu devenir quelqu'un. Je m'y suis employée pendant quinze ans, mais c'est vrai que maintenant j'ai envie d'autre chose et que malgré tout je suis restée une grande sentimentale.

Beaucoup de gens doivent penser que je suis glaciale, insensible, et pas féminine. Erreur : je me contrôle parce que je sacrifie certaines choses à ma carrière, mais cela s'inscrit dans un temps limité.

J'aime énormément la douceur, la tendresse et les caresses. J'arrive à la croisée des chemins et celui que je choisirai m'y amènera tout droit.

Et en attendant, je trouve une forme d'amour tendre avec les enfants. Mes nièces et mes filleuls sont très câlins. Quand un de ces derniers me dit : « Nat, tu as perdu ? C'est pas grave. Fais-moi un bisou », ça me donne envie de pleurer.

Quand j'étais ado, à Saint-Trop, j'ai fait quelques coups pendables, comme tout le monde. Régis venait parfois nous récupérer chez des copains où notre bande de filles envisageait de passer la moitié de la nuit. Pendant un an, j'ai été amoureuse de Laurent, un garçon qui s'entraînait avec nous. Et puis, à un certain moment, je me suis rendu compte qu'il fallait que je trace des limites autour de moi comme pour protéger ma véritable destinée. Vers dix-neuf ans, je me suis de nouveau laissé porter par un sentiment amoureux et j'ai constaté une fois de plus que je ne mettais plus une balle dans le court. Il était clair que je ne pouvais pas donner partout. J'étais donc ainsi faite, incapable de me consacrer à fond à plus d'une activité. J'ai donc mis en veilleuse ma vie sentimentale. J'ai eu des copains de passage, mais je n'ai pas envie d'en parler. Ça servirait à quoi ? Quelle valeur accorder à une aventure, sachant qu'elle est sans lendemain ?

J'ai évité d'être amoureuse trop vite, mais finalement ça n'a pas été trop difficile. Les hommes se rendaient bien compte que j'avais un objectif plus important. Le jour où ce sera sérieux avec un garçon, alors là oui, j'aurai plaisir à en parler. Quoique...

Avant, quand ma deuxième vie me paraissait encore lointaine, j'imaginais un grand mariage, avec tout le tralala. Désormais, alors que cette vie s'approche à grands pas, je me focalise sur l'essentiel. Une vraie maison, des bruits d'enfants à qui je donnerai tout ce que j'ai accumulé en pensant à eux. Je sais déjà que si, par malheur, je ne pouvais pas avoir d'enfants, j'en adopterais. Je me suis toujours adaptée à ce que la vie m'a proposé.

A vrai dire, je n'ai que très rarement songé à la vie de mes rêves, pendant que je vivais le rêve de ma vie.

De quoi pourrais-je me plaindre ? Je m'éclate sur un court comme jamais ! J'ai confiance en moi comme jamais ! Et je m'apprête enfin à me laisser un peu aller. Prendre sa retraite à trente-deux ans, riche, libre et en bonne santé, avec la satisfaction du devoir accompli, que rêver de mieux ?

Aucun accomplissement n'est idéal. Pour toute chose, il y a un prix à payer. Je ne me suis pas attachée, c'est vrai, mais je n'aurais pas voulu me sentir responsable de quelqu'un ou bien sentir que quelqu'un m'attendait quelque part. Pour réussir, il fallait que je sois libre d'esprit et de mouvement. Et, paradoxalement, j'ai réussi à trouver plus d'équilibre en dépit de mes carences affectives que certaines personnes qui aiment et sont aimées. Aujourd'hui, mes résultats comblent ces carences.

Demain, ils embelliront ma vie. A vingt-deux ans, j'aurais pu me cacher dans l'ombre d'un roseau. Aujourd'hui, je bavarde très librement et je suis à l'aise avec tout le monde. Consciente de ma valeur, je ne suis ni trop modeste, ni trop prétentieuse. Juste entre les deux. A ma place. Et si c'était à refaire, je referais les mêmes choix et les mêmes sacrifices.

J'ai vu beaucoup de filles se planter en tentant un amalgame hasardeux entre leur vie privée et leur vie professionnelle. Certaines ont raté l'une, ou l'autre. Les plus malheureuses ont raté les deux. Leur échec en tennis les a blessées à vie. D'autres, comme Mary Pierce par exemple, en ont bavé comme moi pour trouver l'équilibre et y sont parvenues. Une performance de taille. Qui s'apprécie davantage à mesure qu'on vieillit, surtout quand on a la chance de se maintenir à un certain niveau. D'abord parce que l'on a toujours plaisir à jouer, mais aussi parce que lorsqu'on est dans le Top Ten, on est traité comme des princesses par les organisateurs de tournois.

Pas besoin de préciser vos désirs, quand vous téléphonez à l'hôtel officiel pour votre réservation, vous êtes systématiquement installée dans l'une des meilleures suites de l'établissement. Corbeille de fruits, bouquet de fleurs odorantes, petite carte de visite rédigée de la main du directeur... Les limousines sont deux fois plus longues et confortables que les voitures officielles des autres joueuses. Parfois, lorsque je me laisse conduire par un chauffeur de maître jusqu'à mon hôtel dont j'imagine déjà le hall de réception arrangé avec goût, je me revois dans cet hôtel pourri de la banlieue de San Francisco où je plaçais, comme dans les mauvais films de gangsters, une chaise coincée contre la poignée de ma porte tellement j'avais la trouille de me faire agresser par un de ces personnages louches qui rôdaient dans le parking désert.

Le luxe n'a jamais été une motivation pour moi, mais il l'est pour certaines filles qui en ont marre de jouer les smicardes. Il arrive aux moins lucides de transformer leurs frustrations en jalousie. Quand des Françaises me font des réflexions sur mon confort, j'ai toujours la même réponse : « Ecoutez les filles, c'est pas compliqué. Gagnez et vous aurez la même chose. » C'est ça qui est formidable en sport, tout se mérite. A quelques exceptions près (bâties de toutes pièces par les médias pour un public non averti), il n'y a pas d'injustices en sport. Vous êtes bon, on vous déroule le tapis rouge, vous êtes mauvais, on vous laisse à la porte. Et c'est normal. Le nombre des places d'honneur est limité, et les honneurs réservés à une élite. Ainsi, certaines filles sont plus peinées de perdre leur traitement de faveur que d'être moins bonnes joueuses ! Heureusement, j'ai été épargnée par ce genre de sensations.

N'ayant jamais été très bien considérée, même lorsque j'atteignis le onzième rang mondial, je n'ai pas eu à souffrir de la différence de traitement lorsque je suis descendue à la trentième place.

Aujourd'hui, je n'exige toujours rien mais tout s'arrange autour de moi comme par enchantement.

C'est quoi cette clé de voiture sur la commode ? Une super voiture m'attend en bas ? J'arrive, on va faire un petit tour. Juste pour tuer le temps. Dimanche en partant, je la garerai au parking de l'aéroport et on parlera d'autre chose.

Je déteste l'avion. J'ai très peur en avion. Encore une difficulté qu'il m'a fallu surmonter pour mener à bien ma carrière. J'ai fait l'équivalent de quinze tours du monde, mais je ne suis toujours pas rassurée. J'ai fini par prendre mes habitudes sur les longs trajets. J'embarque en jean mais, une fois dans l'appareil, je file me changer dans les toilettes. Je serais même tentée de me mettre en pyjama, mais le survêtement est tout de même plus seyant. Je voyage toujours à côté de Régis bien que nous ne parlions guère pendant le vol. En général, nous somnolons ou regardons un film. Je connais des filles qui gagnent plus d'argent que moi, qui voyagent en First

Class, et laissent leur coach en « éco ». Personnellement, je ne trouve pas cela très « First Class ». C'est moi qui m'occupe de toutes mes réservations. Je ne jette pas l'argent par les fenêtres mais je recherche le rapport qualité-prix qui nous permettra d'arriver à destination dans les meilleures conditions possible. Vols courts, je choisis la classe éco car la Business Class n'offre aucun avantage. Moyenne distance, la Business Class s'impose. Longue distance, première classe. Et je n'ai jamais pris le Concorde.

Si je suis prête à arrêter ma carrière sans regrets, c'est en partie à cause des voyages, de l'avion et des décalages horaires. Une fois installée quelque part, n'importe où dans le monde, qu'il fasse chaud ou froid, je suis contente de jouer au tennis. Mais l'ambiance aéroport, retard, fatigue du petit matin, formalités : vraiment c'est très usant ! Quand je bavarde avec des inconnus, justement dans un aéroport pour meubler les sempiternels retards au décollage, je constate que la plupart des gens s'imaginent que les joueuses de tennis ont une vie de rêve et possèdent du monde une connaissance approfondie. Quelle erreur ! Parlez-nous des boutiques de Duty-Free avec partout les mêmes foulards, les mêmes montres, les mêmes parfums, mais ne me demandez pas de vous servir de guide !

Quand je suis dans un tournoi, l'idée de franchir une limite invisible située dans un rayon de deux kilomètres autour des courts de tennis m'angoisse. Ce n'est pas une question de fatigue physique. C'est purement mental. J'ai l'impression que si je quitte mon centre d'activité, je vais y laisser mon influx. Nous sommes nombreuses dans ce cas, à rêvasser et à perdre notre temps à quelques centaines de mètres seulement de sites enchanteurs que la plupart des gens rêveraient de découvrir. Ça paraît stupide, et pourtant, c'est une des constantes de la vie du circuit. Pour nous, la Septième Merveille du monde, c'est un petit carré de service dans lequel nous planterons un ace. Dire que cela fait quinze ans que je vais à New York et que je n'ai toujours pas visité la Statue de la Liberté !

Pour vous donner une idée des fantaisies que je m'accorde, je vous propose d'embarquer avec moi pour un petit tour du monde à travers le calendrier 2000.

Le « WTA Tour », c'est l'appellation officielle, a débuté en janvier en Australie où j'ai d'ailleurs pris d'horribles coups de soleil sur les mollets.

Voici mes « bons petits plans » pour chaque ville où se déroule un tournoi féminin.

Sydney : La baie. J'y ai fait un tour en bateau une fois. Sympa. Très belle promenade.

Melbourne : L'avenue qui passe devant l'hôtel Hyatt.

Tokyo : Le métro aux heures de pointe. Impossible de repérer la bonne direction. J'ai flâné le long de l'artère principale.

En revanche, *Kyoto* est à voir. On y visite les palais où se nichent le Japon traditionnel et des jardins magnifiques.

Paris : Je viens d'y acheter un appartement, un pied-à-terre.

Hanovre : Rien.

São Paulo : Connais pas.

Indian Wells : Le désert californien. J'adore. Des golfs superbes. Oasis de verdure au milieu des terres ocre brûlé qui s'étendent sur des centaines de kilomètres de platitude. S'il y a un coin du monde où j'aimerais bien posséder une maison de vacances, c'est là.

Un petit bungalow dans un Resort, pour cent mille dollars, avec salon, trois chambres, cuisine-salle de bains équipées. Sympa pour quand je reprendrai le golf.

San Diego : La piscine de mes amis, Annette et Paul, chez qui je réside à la Jolla depuis quinze ans ; je connais le zoo, Sea World, les mauls où l'on fait du shopping en long, en large et en travers. Mickey à Orlando, Epcot Center. La plage... Mais qu'est-ce que j'irais faire à la plage ?

Hambourg : Je n'ai jamais rien vu d'autre que l'hôtel et le club.

Berlin : J'ai eu l'occasion de voir le Mur du temps où il était encore debout. Et la Porte de Brandebourg.

Rome : J'ai visité pas mal de monuments à Rome dont le Colisée, mais mon regret reste de ne pas être allée au Vatican. Les rares fois où l'on visite quelque chose, c'est toujours au pas de course.

Strasbourg : La cathédrale est magnifique. J'aime la Petite France, et l'Alsace en général. Vraiment une très belle région. Très accueillante.

Birmingham : Rien de rien.

Eastbourne : C'est mignon. Petite station balnéaire. Ambiance *A nous les petites Anglaises*. Bons petits restaurants. Dommage que Brighton ne soit plus au calendrier. C'était un tournoi très sympa dans une ville très propice aux promenades à pied.

Londres : Big Ben, of course ! Buckingham Palace, quand même ! Le centre-ville, les Puces de Camden Road, Covent Garden.

Prague : Ville extraordinaire. Une année, nous l'avons visitée avec un guide. Une femme très gentille qu'Isabelle et moi avons réussi à faire venir en vacances à Saint-Tropez. Elle est arrivée avec ses enfants dans une voiture tchèque complètement pourrie. Elle a adoré Saint-Tropez, mais qu'est-ce qu'on a eu peur pour elle quand elle est repartie !

Los Angeles : Ville énorme, aux proportions monstrueuses. Je ne connais que le triangle d'or : Beverly Hills, Rodeo Drive, Hall of Fame. Des noms magiques pour une enfilade de boutiques toutes plus luxueuses les unes que les autres.

Montréal : La rue Sainte-Catherine. J'aime le vieux Montréal, vers le Port qui regorge de petits restos sympas. Cet été j'irai au Club 81 avec une copine, pour rigoler. Il y a un strip-tease de mecs très célèbre là-bas.

Toronto : Rien.

New York : Central Park, l'Empire State Building, Greenwich Village, Broadway. A New York, pas mal de filles vont au musée. Pas moi. Pour apprécier un musée, il faut avoir une certaine culture en matière de peinture, ce qui n'est pas mon cas, malheureusement. Le seul peintre qui m'ait vraiment touchée pour l'instant, c'est Monet. Je suis allée au musée d'Orsay pour admirer ses toiles, mais là encore je n'ai jamais pu approfondir cette attirance.

Stuttgart : L'usine Porsche que j'ai visitée évidemment.

Zurich : Ville propre, suisse, riche. Belles possibilités de shopping avec une solide carte de crédit.

Linz : Connais pas.

Moscou : Toute Nathalie qui se respecte doit connaître la place Rouge, bien sûr. Magnifique. En revanche, je n'ai pas été impressionnée par le Mausolée de Lénine. Il paraît que l'intérieur du Kremlin est à voir. Je vais essayer d'y aller cette année car, par la suite, ça m'étonnerait que je retourne à Moscou uniquement pour faire du tourisme. Alors que Rome...

Leipzig : Ex-ville de l'Est. Noire. Ils ont mis beaucoup d'argent pour la rénover mais la tristesse court encore les rues.

Philadelphie : Belle ville américaine. Une gare qui doit être sans doute la plus belle du monde. On y prend le train pour New York. Ça change de l'avion !

15

Les maris, les femmes, les copines

Le tennis féminin est une jungle où chaque joueuse s'unit à quelqu'un afin de se protéger. Les unes voyagent avec un coach, les autres avec un mari, un copain ou une copine.
Mais pour autant, le mythe d'un sport majoritairement voué aux homosexuelles est un mensonge.

Si de plus en plus de joueuses sont connectées sur Internet pour effectuer leurs réservations d'avion, lire les journaux en ligne de leur pays, ou échanger quelques blagues avec leurs amis internautes, on ne peut pas encore parler de la naissance d'une « génération de cyber-joueuses ». Certes, nous passons toutes un petit peu plus de temps dans nos chambres en tête à tête avec nos ordinateurs, mais nous restons dans l'ensemble très attachées aux contacts humains. Etre joueuse de tennis, ça signifie se couper de ses racines, de sa famille, de ses proches, et si nous ne prenions pas soin de créer des liens sur le circuit, nous nous sentirions vertigineusement seules. Un soir, je me suis sentie tellement seule et désemparée que je suis allée acheter un paquet de cigarettes à la réception de l'hôtel. Je l'ai fumé entièrement dans la nuit alors que je n'ai jamais fumé et que je ne fume toujours pas !
C'est pourquoi quand une partie de Ramitel s'engage (il s'agit d'un jeu de cartes qui s'apparente au gin-

rummy en plus subtil), il est rare qu'il n'y ait pas de candidates et même quelques spectatrices attentives en prime. Généralement, nous évitons les grands repas à huit ou dix. Mais les joueuses, lorsqu'elles ne s'attablent pas en tête à tête avec leur coach, aiment à déjeuner ou dîner à trois ou quatre, surtout les célibataires. Les conversations tournent autour des petits potins, et c'est toujours un régal quand la championne du monde de « cancaning » se joint à votre groupe pour détailler les dernières nouvelles. Mais ne croyez pas pour autant que le niveau intellectuel et culturel soit médiocre. Certaines filles ont fait des études universitaires, et même celles qui n'ont pas poursuivi leur scolarité ont acquis à travers leur expérience de la vie un niveau convenable. A l'image de Lindsay Davenport, les filles qui se fixent un objectif et s'y tiennent ne sont pas les plus bêtes, au contraire. En revanche, celles qui changent tout le temps de direction dans leur carrière sont déjà beaucoup plus suspectes dans la vie en société. Les premières s'entourent de gens compétents (ce qui n'est pas si facile) et sont à l'aise dans le milieu. Elles ont des relations harmonieuses avec leurs semblables, les autres ne cherchent qu'à choquer ou à jouer des épaules pour se faire une place.

Depuis le temps que j'observe les joueuses, j'ai remarqué que les premières réussissaient également assez bien leur reconversion. Je pense, par exemple, à Judith Wiesner qui a été une de mes très rares amies sur le circuit, avec Manuela Maleeva et Alexandra Fusai.

Judith Wiesner s'est lancée dans la politique en Autriche après une carrière qu'elle n'a pas menée seule mais en duo, avec son mari, Heinz.

Les femmes mariées ne sont pas légion sur le circuit car il faut pour réussir à deux remplir un certain nombre de conditions auxquelles je n'aurais personnellement jamais pu me plier. Judith a réussi parce que son mari, assureur, a accepté de quitter un job qu'il appréciait et de rester dans son sillage pendant plusieurs années. Il est devenu son coach, son mentor, son confident. Ils se sont consacrés à fond tous les deux à ce but unique, jusqu'au jour où Heinz en a eu assez de ce rôle de faire-valoir. Elle, elle aurait aimé continuer encore quelques années, mais ils avaient un *deal* de départ, et il a fallu le respecter.

Barbara Schett, sa compatriote qui fait également partie du Top Ten, vit avec son coach. Plutôt mignonne, intelligente, cultivée et gentille, il lui arrive pourtant d'être assez brutale avec son compagnon. Il a un sens de l'abnégation que j'admire.

La Belge Dominique Van Roost voyage également avec son mari. Mais lui n'est pas coach et il a été obligé aussi de mettre sa propre carrière entre parenthèses. Il accepte la situation sans souffrir d'un quelconque complexe d'infériorité vis-à-vis de sa femme qui gagne de l'argent pour deux. Il prend toujours tout très bien, et quand il en a vraiment ras le bol d'être seulement « M. Van Roost », il attrape son sac de golf et disparaît tout l'après-midi. Dominique a de la chance, car je connais des maris qui supportaient si mal le manque de reconnaissance qu'ils finissaient par « disjoncter », comme le mari de Zina Garrison.

La compétition a ce défaut d'exacerber tous les comportements. Les hommes et les femmes qui cohabitent dans ce milieu tentent de vivre comme tout le monde, mais leur passion pour le tennis les dévore à un point tel qu'en les observant, parfois, je me demande ce qu'ils peuvent bien se dire quand ils ne parlent pas de tennis, s'il y a une vie au-delà du court. Je connais un mari qui vit sa vie à travers les succès de son épouse. Il réalise une carrière par procuration. Il fait tout pour elle. L'inscrit dans les tournois, lui réserve ses courts d'entraînement, porte ses raquettes à corder, lui tient la porte quand elle fait pipi, répond aux questions des journalistes. Il s'identifie tellement à elle qu'il en vient, sans même y penser, à s'exprimer ainsi : « Nous jouions contre unetelle, nous avons gagné... » Quand sa femme joue en double, il est capable de dire : « On a très bien joué aujourd'hui », ce qui n'est pas forcément du goût de la partenaire !

Moi, je n'aurais pas pu supporter quelqu'un comme ça à mes côtés car j'estime que c'est tout de même en s'assumant soi-même qu'on mûrit. La première fois que je suis arrivée dans un tournoi, j'ai dit à mon coach : « Bon, maintenant, qu'est-ce qu'on fait ? » La réponse est tombée, immédiate, sans appel : « Eh bé, tu te démerdes ! » Je ne le remercierai jamais assez !

Et puisqu'on en vient à parler des relations des joueuses avec un ou une partenaire, passons au chapitre de l'homosexualité, profitons-en pour briser un tabou qui tient depuis la création de la WTA par Billie Jean King.

A l'époque de la création de la WTA et du circuit professionnel féminin, la proportion d'homosexuelles parmi les dix meilleures joueuses du monde était importante. Tous les misogynes qui voyaient d'un mauvais œil les joueuses s'émanciper et revendiquer des prix égaux à ceux des hommes utilisèrent cet argument pendant des années pour justifier leur opposition à toute promotion du tennis féminin : les joueuses étaient grosses, moches pas sexy ou lesbiennes, et le peu qui restait ne savait pas jouer au tennis !

Billie Jean King, s'affichant beaucoup plus dans les tournois avec une amie qu'avec son mari, fut la première à être montrée du doigt. D'autant plus qu'une femme bien intentionnée l'accusa dans la presse de « rupture abusive » et lui fit un procès !

Une réputation qui coûta cher aussi à Martina Navratilova en termes d'image et de revenus. Elle évita le lynchage médiatique en confiant dans son livre qu'elle était devenue homosexuelle parce qu'elle ne plaisait pas aux hommes !

Les années passant, la tendance s'est complètement inversée. Il doit y avoir aujourd'hui dans le Top Ten seulement deux joueuses homosexuelles. Mais l'idée que nous le sommes toutes plus ou moins est si tenace qu'il faut toujours se justifier : combien de fois ai-je senti dans le regard des gens cette lourde et indélicate question : « Et toi, tu l'es ou pas ? » Non, je ne le suis pas. Et je n'en suis ni fière ni désolée. C'est comme ça, c'est tout.

En vérité il n'y a pas plus d'homosexuelles dans le tennis féminin que dans le cinéma, la fonction publique, le journalisme, la finance ou ailleurs ! La seule différence c'est que cela se remarque forcément beaucoup plus qu'ailleurs car la vie des joueuses se passe en circuit fermé d'un bout de l'année à l'autre. Il est impossible de soustraire aux regards des autres ses parents, ses amis, ses copains ou copines, quand ceux-ci viennent vous rejoindre sur un tournoi. L'anonymat n'existe pas. Du badge « laissez-passer », qu'il faut demander à l'organisation et sur lequel le nom, la photo et la qualité de l'invité doivent figurer (*player guest* Tauziat), aux places spécifiques réservées dans les tribunes, en passant par l'hôtel officiel où résident joueuses, entraîneurs, personnel de la WTA, journalistes..., il est impossible de dissimuler votre entourage professionnel ou privé à qui que ce soit.

Les joueuses homosexuelles ne font rien pour se faire remarquer. Ce que je trouve bien. Je ne les juge pas. Il appartient à chacune d'entre nous de trouver sa voie. Dans le tennis féminin il n'y a pas plus de risques de tomber dans les bras d'une lesbienne que dans ceux d'un joueur, d'un coach, d'un kiné, d'un agent, d'un journaliste ou d'un gourou ! Mais j'encourage les parents des très jeunes joueuses à être attentifs d'une manière générale et à bien choisir les gens à qui ils les confient.

Encore que... A ce propos j'ai vécu une expérience un jour qui m'a servi de leçon. L'entraîneur d'une jeune joueuse m'avait demandé de la surveiller au cas où elle aurait un problème. Ce que je fis, mais de loin car, dans le tennis aussi, charité bien ordonnée commence par soi-même... Au bout de quelques jours, quand je pris de ses nouvelles, je m'aperçus qu'elle s'entraînait dans un petit groupe de joueuses homo, et en particulier avec l'une d'entre elles que je connaissais très bien. Je fis un scandale : « Cette fille, tu n'y touches pas ! Tu m'as bien comprise ? » ai-je dit à cette joueuse, en essayant d'être suffisamment explicite et convaincante. Certes, je ne revis plus « ma protégée », ni avec cette joueuse ni avec ce groupe, mais elle ne revint pas sur le circuit l'année suivante et arrêta sa carrière ! J'ai appris qu'elle s'était laissé entraîner par la suite dans une secte et que ses parents avaient eu le plus grand mal à l'en faire sortir.

Si l'homosexualité ne me choque pas, le manque de discrétion, en revanche, me dérange. Je n'aime pas d'une manière générale que mon entourage et celui des autres soient trop voyants. Quand j'ai découvert Sylvie Bourdon, l'amie d'Amélie Mauresmo, à la télévision en janvier 1999, j'ai trouvé qu'en gesticulant comme elle le faisait elle volait la vedette à Amélie. Le réalisateur les associait dans le succès à part égale alors qu'à mon sens le mérite ne revenait qu'à la joueuse. Je n'ignorais pas que c'était Amélie, elle-même qui avait, par ses déclarations en public, volontairement mis Sylvie à cette place d'honneur, mais cela agaçait quand même « la joueuse » que je suis. Quand le numéro de *Paris Match* est sorti avec, en couverture, une photo d'elles posées comme des stars du show-biz, j'ai été choquée. C'était « trop ». Trop étalé, trop loin du tennis. Imaginez le trouble d'une gamine qui rêve de devenir une championne de tennis. Doit-elle pour autant se transformer en star du show-biz ? Encore une fois, il n'est pas question pour moi de juger Amélie. A cet égard, j'avais été très ennuyée en février 1999 quand Pierre Sled, l'ayant invitée sur le plateau de Stade 2 après sa finale au tournoi du Gaz de France, commit (innocemment ou pas ?) l'indélicatesse de passer des extraits de mon fameux film en dessous chics et coussin coquin. On aurait dit une opposition orchestrée des deux tendances du tennis féminin, avec d'un côté les attraits de l'homosexualité représentée par Amélie, et de l'autre la défense des valeurs tradition-nelles. Trop caricaturale, la démonstration tourna au ridicule. Je n'y étais pour rien, mais Amélie aurait pu interpréter cette intervention comme une forme de pro-pagande anti-homo de ma part. J'étais furieuse. En revanche, j'approuve la démarche de la WTA qui a demandé à Amélie et Sylvie de manifester leur affection d'une manière un peu moins démonstrative. Plusieurs représentantes de l'organisation ont procédé l'an dernier à une consultation auprès des joueuses pour savoir ce qu'elles pensaient du comportement d'Amélie. Je n'ai pas été la seule à estimer que l'aveu d'Amélie avait été très courageux, mais que je ne tenais pas absolument à les voir, elle et Sylvie, se donner en spectacle. Je suis contre l'hypocrisie, mais pour la discrétion. Amélie a précisé récemment qu'une seule joueuse homosexuelle l'avait félicitée pour ses déclarations, les autres redoutant qu'elle ne les dénonce en place publique. Preuve que, d'un côté comme de l'autre, la solidarité n'est pas la vertu la plus répandue sur le circuit. C'est chacune pour soi, et gare à ton image. Car l'image, c'est de l'argent. Et l'argent, le nerf de la guerre.

16

L'argent, le nerf de la guerre
(Avec un petit message « amical »
à Jacques Chirac)

A travers différentes expériences, je vous propose de mesurer à quel point l'argent fait partie intégrante du fonctionnement du tennis féminin. Mais entre l'investissement de départ et les impôts à payer sur les sommes vertigineuses qui s'affichent en dollars, on s'aperçoit que faire fortune est une activité de haut vol, qui n'est permise qu'aux meilleurs.

Il faut beaucoup d'argent pour se lancer dans le tennis. Aujourd'hui, c'est devenu presque aussi difficile que de trouver un volant pour un futur pilote de Formule 1. Surtout quand on n'est pas aidé par une fédération ou que son aide consiste à vous imposer des choix et des personnes qui ne vous conviennent pas. On ne peut alors compter que sur ses parents, un mécène (très rare), ou bien des sponsors. Quand j'ai commencé à ne pas trop mal marcher sur le circuit international, mon père, qui s'inquiétait beaucoup du budget nécessaire au lancement de ma carrière, a voulu négocier, sans mon accord, un *deal* avec la Fédération française, alors que d'une part je jugeais les personnes devant s'occuper de moi incompétentes — l'avenir devait me le confirmer — et que d'autre part j'en voulais toujours à ses responsables pour ne pas m'avoir fait confiance au début. J'opposai un refus catégorique à mon père. Je comprenais qu'il se montre plus pragmatique que moi car c'est lui qui tenait les comptes à l'époque et finançait ma carrière avec ses propres deniers. Il avait obtenu un accord pour une somme de cinq mille francs à valoir sur mes déplacements, et l'assurance d'avoir une *wild card* à Roland-Garros. (Sans ce précieux sésame, les joueuses les moins bien classées doivent passer par une épreuve de qualifications comprenant trois matches préalables. Au bout de ce parcours éreintant, la joueuse arrive souvent diminuée par rapport aux vedettes directement admises dans le tableau final.)

Pour une joueuse qui débute, une *wild card*, c'est une chance offerte de faire des performances, de ramasser gains et points pour grimper au classement, d'attirer l'attention des sponsors et du public. L'idée de mon père était certes parfaitement défendable, car rien que le prix du 1er tour à Roland-Garros équivalait à la moitié de mon budget annuel sur le circuit, mais je m'obstinai dans mon choix. Certes, je vivais dans l'angoisse de voir mes parents dépenser tant d'argent, peut-être à fonds perdus, mais je ne pouvais me résoudre à entrer dans cette structure qui me paraissait inadaptée aux objectifs et aux résultats que je voulais obtenir.

J'expliquai à mon père que mon choix était clair : soit je retournais avec Régis dans les conditions convenues, soit j'arrêtais le tennis. Pas question de *dealer* avec des gens qui m'avaient humiliée et avec lesquels je ne me sentais pas en confiance.

Cela me fait penser à une anecdote. Il y a quelques années, le père d'une joueuse avait pris contact avec mon coach pour qu'il entraîne sa fille. Le bout d'essai se passa très bien, mais le père n'avait pas les moyens financiers de poursuivre l'expérience. Il aurait voulu que sa fille soit sélectionnée par la FFT parce que tout y était gratuit, mais l'affaire mal engagée traînait en longueur. Quand Régis comprit l'embarras financier du père, il lui conseilla un coup de bluff pour débloquer la situation :

annoncer qu'il avait pris la décision de placer sa fille chez Camaret.

La réaction ne se fit pas attendre : la semaine suivante, elle intégrait la Fédération. Le père ne paya pas un sou... et la fille profita de tous les avantages qui lui étaient offerts pour quitter le système quelques années plus tard, et faire carrière avec d'autres.

L'anecdote vaut juste pour ce qu'elle est : la démonstration de l'absurdité de la concurrence entre deux systèmes qui s'affrontent depuis mes débuts : le privé et la « Fédé ».

Quand on choisit le privé, dans un premier temps, il faut donc trouver un moyen de financer ses voyages et le salaire de son coach. Ensuite, il faut réussir le paradoxal pari de travailler des coups qui nécessitent des mois de répétition pour les intégrer tout en obtenant rapidement assez de résultats pour gagner sa vie et inspirer confiance à ses sponsors. Pour s'en sortir dans le milieu du tennis professionnel dont on comprend qu'il ressemble à une jungle dès qu'on y met le pied (moi qui croyais que tout le monde, il était beau et gentil), il faut à mon sens se créer un certain nombre de règles à propos de l'argent, et s'y tenir.

Voici quels sont mes principes en matière de gestion de carrière.

• Règle numéro un : *Connaître le prix des choses*

Toutes les filles qui sont passées par la structure fédérale ont été mal éduquées. Habituées à recevoir tout gratuitement : locations de courts, entraîneurs, préparateurs physiques, elles n'ont pas la notion des prix. Elles deviennent radines dès qu'elles se retrouvent à leur compte et sont capables de mégoter sur une heure d'entraînement. Moi jamais. J'ai tout de suite compris qu'on n'obtient rien de valeur sans y mettre le prix. Dans les premières années, Régis a investi sur moi. Il ne se faisait pas encore payer. Je déboursais 1 700 francs par mois, logée, nourrie et entraînée à Saint-Tropez. Quand j'ai commencé à gagner de l'argent, j'ai lui ai donné 10 % de gains, puis 15 %.

Aujourd'hui, c'est moi qui tiens les comptes. Chaque année, je calcule tous mes gains, toutes mes dépenses, du péage de l'autoroute à Biarritz jusqu'au moindre ticket de parking dans un sous-sol de centre commercial de San Diego, toutes les dépenses de mon coach, et je suis en mesure de lui dire : « Voilà, cette année je te dois tant. » Ce sont des honoraires. Et si vous calculez son prix à l'heure, il vous paraîtra élevé, mais c'est le prix de ses compétences. Dans le tennis, tout est cher, il faut le savoir, et tout ce qui vous permet de gagner n'a pas de prix. Il faut avoir véritablement conscience de ce qu'on donne soi-même pour attendre un retour sur investissement conséquent. Quand on paie, on est forcément plus exigeant. C'est pour cela que je règle tout moi-même : mes heures d'entraînement l'hiver à Biarritz, mes séances chez le kiné, ma préparation physique, etc.

Pour sentir le poids de mon investissement personnel (plus d'un quart de mon revenu brut annuel), je rentre tout dans mon ordinateur, si bien qu'à n'importe quel moment je peux cliquer sur un tournoi et voir ce qu'il m'a coûté et ce qu'il m'a rapporté au dollar près.

Cette démarche, peut-être un peu artisanale sur le fond, a un effet bénéfique sur ma concentration. Connaissant le prix des choses, il m'est impossible de gâcher une minute d'entraînement. C'est en quelque sorte la méthode Guy Roux : ne pas gâcher ! Je pense que rien ne remplace les bons principes paysans. Qui respecte ce qui est donné ?

• Règle numéro deux : *Ne jamais mégoter sur la qualité*

Je connais des filles qui gagnent plus de 250 000 dollars par an en prix de tournois (1 500 000 francs). Dans certains pays vous êtes taxé en fonction des frais que vous avez. Elles préfèrent voyager et vivre dans des situations très difficiles et pas du tout favorables à de bonnes conditions de jeu. Elles résident chez l'habitant, trouvent des hôtels à problèmes et démoralisants, parfois situés loin du centre-ville et du Club, et se nourrissent n'importe comment. Mais comme il n'y a pas de petits profits et qu'elles n'ont jamais su réinvestir dans le tennis une partie de ce que celui-ci leur donnait, elles préfèrent se créer mille petits problèmes stupides pour ne pas dépenser d'argent et vivre comme à leurs débuts. Elles ne sont pas avares à proprement parler, mais elles hésitent dès qu'il s'agit d'investir sur elles-mêmes. Essayez d'imaginer ce que ce comportement traduit et ce que leur tennis peut donner : du gagne-petit. Elles préfèrent même payer les taxes sans espoir de retour.

Dès lors que quelqu'un, un jour, a payé pour elles, elles trouvent tout trop cher. Certaines sont prêtes à prendre un mauvais entraîneur au rabais plutôt qu'un bon, plus cher. Combien de fois ai-je entendu des joueuses dire à propos d'un nouvel entraîneur : « Il n'est pas bon, mais au moins, c'est gratuit ! »

• Règle numéro trois : *Résister à l'appât du gain*

On me propose assez souvent des « garanties » (une rémunération fixée d'avance) pour disputer des tournois de catégories inférieures. L'objectif de l'organisateur est de recueillir quelques mois avant le début du tournoi l'engagement de joueuses de renom, la garantie qu'elles participeront au tournoi, et donc la possibilité de les utiliser comme têtes d'affiche pour la promotion.

Il ne suffit pas de venir et de prendre l'argent, il faut aussi honorer son statut de tête de série. Mais parfois, si le tournoi tombe mal, certaines ont tendance à laisser filer et à quitter trop vite le stade. On peut aussi payer cher cet argent car, le cumul aidant, il n'y a pas de récupération et la blessure est le salaire de la surcharge de travail. De toute façon, ce n'est bon pour personne. La joueuse, le public et le tournoi, tout le monde est trompé. Le tennis est perdant.

L'argent, c'est bien, mais galvauder sa réputation peut à terme vous nuire plus que vous ne l'auriez imaginé.

Pour rendre service à une amie, j'ai participé à un petit tournoi qu'elle organisait moyennant finances. Mais bien que j'aie atteint la finale, un de mes sponsors m'a demandé ce que je faisais dans un tournoi de deuxième zone. J'avais agi par amitié et j'avais l'air de courir le « cacheton ».

Autre source de revenu facile, les exhibitions. J'en ai accepté relativement peu dans ma carrière. Au début de l'année 2000, Hong Kong m'a proposé 40 000 dollars (250 000 francs) pour un match. Tentant, n'est-ce pas ? Refusé. Je ne suis pas accro à l'argent, et c'est ce qui m'a toujours permis de me payer le luxe de me reposer. Un luxe que je considère comme une garantie de longévité car j'aimerais savoir dans quel état je serais, à trente-deux ans, si en plus des tournois j'avais accumulé les exhibitions. C'est vrai qu'une exhibition n'est qu'un pré-texte à se produire dans un match sans enjeu sportif devant des gens qui paient ou sont invités à regarder un spectacle plus qu'un sport. Mais pour bien jouer au ten-nis, il faut assurer un équilibre entre effort et bien-être, entre débauche physique et ces petits trucs qui peuvent vous *booster* le moral.

Hong Kong, les 40 000 dollars, c'était à la période du jour de l'an. L'occasion, après deux mois d'entraînement intensif à Biarritz, de recevoir mes parents chez moi quelques jours. Boire un peu de champagne pour fêter l'an 2000, ressortir les albums photos, faire un peu de bricolage dans ma salle de bains, préparer une bonne bouffe avec des amis basques... avant d'emporter toute cette chaleur humaine à l'autre bout du monde : Bang-kok, Sydney, Melbourne, Tokyo... Me rendre compte que ces quelques jours volés à ma carrière valaient bien plus que 40 000 dollars m'a pris exactement une journée.

- Règle numéro quatre : *Savoir ce que l'on vaut*

Aujourd'hui, l'Association des joueuses profession-nelles françaises, après avoir été longtemps dissidente, fait partie des structures fédérales.

La FFT organise depuis plusieurs années un Tour de France destiné à promouvoir le tennis féminin dans les régions. Les ligues qui sollicitent le passage du Tour organisent des animations tout au long de la journée. Deux joueuses classées en première série, connues de préférence, différentes à chaque manifestation, participent à l'ensemble de l'opération. Elles font jouer les enfants (« clinic [1] » d'une heure et demie), disputent un match entre elles (exhibition d'une heure et demie), assurent une démonstration technique (facultatif), signent des autographes, le tout se terminant par un cocktail. Je suis déjà allée au moins une fois dans toutes les régions de l'Hexagone.

Jusqu'à l'année dernière, la FFT attribuait une prime de 10 000 francs maximum (en fonction du classement) par joueuse et par journée. Partant du principe que les joueuses à qui elle avait payé pendant des années les entraînements, les voyages, les hôtels se trouvaient dans l'obligation morale de renvoyer l'ascenseur. Normal, mais en ce qui me concerne, je ne dois rien, n'ayant jamais bénéficié de quoi que ce soit. Cette année, l'Association des joueuses a demandé à la FFT d'augmenter la prime : 40 000 francs par jour pour les cinq meilleures Françaises, ce qui est encore sous le prix plancher du marché. Réponse de la FFT : 25 000 francs, dernier prix, soit dix fois moins que les propositions les plus élevées comme celle de Hong Kong.

Personnellement, j'ai préféré jouer gratuitement, à Albi, chez Jean Gachassin, qui m'a fort bien reçue d'ailleurs, plutôt qu'au rabais. J'ai fait ce geste pour une question de considération et de principe. Et si l'occasion se renouvelle, je continuerai à me rendre là où je compte des amis, gracieusement, mais jamais « au rabais ». D'ailleurs je me demande de plus en plus si cette opération ne finit pas, compte tenu du niveau actuel du tennis féminin, à assurer davantage la promotion de l'organisa-

1. Leçon collective.

teur capable de nous faire venir que celle du tennis féminin.

Comment la Fédération peut-elle, lorsqu'il s'agit tout de même de « promouvoir le tennis féminin », commencer par casser les prix ? Vous parlez d'une promotion ! Si la FFT estime que des joueuses classées dans les dix meilleures du monde valent 25 000 francs pour réaliser globalement un « clinic », une exhibition et des RP... que valent les autres ? Les autres joueuses françaises qui contrairement aux cinq premières ont besoin d'argent pour boucler leur budget de tournois.

Symbolique, mon geste est destiné à défendre les intérêts de celles-ci et du tennis féminin à moyen et long terme.

• Règle numéro cinq : *Respecter ses sponsors*

J'ai deux gros sponsors depuis mes débuts : Pro-Kennex pour les raquettes, Lacoste pour mes vêtements, avec lesquels tout se passe bien. La qualité de leurs produits et leur attitude à mon égard sont parfaites. Fidélité, confiance, loyauté, tels sont les mots qui me viennent pour décrire nos relations. Chez Kennex par exemple, je me félicite d'avoir accepté — ce à quoi beaucoup de joueurs, très superstitieux ou trop maniaques rechignent — de tester chaque année leurs innovations en matière de raquettes. Au bout du compte, j'estime avoir fait progresser mon jeu grâce à la technologie — même si cela me perturbait deux ou trois semaines en début de saison — et permis aux ingénieurs d'avancer dans leurs recherches en leur faisant part de mes sensations.

Lacoste a renouvelé mon contrat jusqu'en 2002 alors qu'il est quasiment certain que j'arrêterai en 2001. Le geste est élégant, la marque d'une grande maison... Dans laquelle j'ai mis un peu d'animation ces derniers temps avec l'épisode de ma robe.

Une histoire amusante, née d'un caprice comme je ne m'en suis pas autorisé beaucoup dans ma carrière et qui, finalement, a eu des effets plutôt bénéfiques. Autant j'adore la ligne des grands classiques et l'esprit Lacoste, autant j'ai toujours trouvé que les modèles de robes pour les joueuses de haut niveau n'étaient pas aussi variés que ceux que l'on trouve pour le tennis-loisirs. Ayant joué pendant dix-sept ans avec l'ensemble jupe-chemise : de la jupette « vol-au-vent » (entièrement plissée) avec laquelle j'avais l'impression de jouer en culotte, au modèle « abat-jour » (plate devant) ; de la chemise blanche à la jaune pastel avec ou sans manches, avec ou sans col..., je rêvais d'autre chose ! D'autant plus que la robe qui n'était plus portée depuis des années faisait avec Mary Pierce et les sœurs Williams sa réapparition. Amoureuse des créations de Teddy Tinling dans les années 60 et 70, je crevais d'envie d'en porter une qui m'aille bien. Un jour que je m'habillais à côté de Steffi Graf qui passait une jupe, je lui dis : « Mais enfin, Steffi, foutue comme tu es, pourquoi ne portes-tu pas de robe ? » Elle me répondit, avec un petit air désolé : « Non, chez nous [Adidas] la robe, c'est Kournikova qui la porte. Moi, c'est l'ensemble jupe-chemise. » Incroyable !

Quelque temps plus tard, je trouvai dans la penderie d'Olivia de Camaret un modèle de robe Lacoste rescapé d'une dotation qu'elle avait reçue trois ou quatre saisons plus tôt, avec laquelle elle n'avait jamais joué : « C'est un modèle pour la plage ! » avait-elle rigolé. Je l'essayai et l'adoptai sur-le-champ : « Je veux jouer avec ça ! » Le problème, c'est qu'elle était un peu courte. Après chaque lavage, j'étais obligée de tirer dessus pour m'y glisser. Mais alors une fois dedans, le rêve ! Je me sentais à l'aise, enfin mise en valeur, féminine ! Michel, la personne qui s'occupe de moi chez Lacoste avenue Montaigne, fouilla dans ses réserves pour me dégoter quelques modèles de la petite merveille en bleu marine et en blanc. Et comme par hasard, je me suis mise à jouer très bien dès que je les ai portés. Chez Lacoste, ils auraient pu être mécontents de me voir affublée de modèles introuvables dans le commerce, mais pas du tout, ils sont au contraire allés plus loin encore et, normalement, j'aurai une superbe robe, moderne, échancrée mais à ma taille cette fois, pour Roland-Garros. Deux autres sponsors, à défaut d'une aide financière importante, m'ont fourni du matériel de grande qualité très important pour moi. Babolat m'a toujours approvisionnée royalement en cordages à la pointe de la technique qui me permettent de pratiquer sans fatigue mon jeu en touché. Nike me chausse depuis que j'ai seize ans et je peux dire qu'en dix-sept ans je n'ai jamais été blessée. J'ai eu d'autres propositions, mais en dépit de quelques dollars de plus, j'ai opté pour la fidélité à ceux qui m'avaient toujours soutenue.

Il faut absolument jouer un jeu transparent avec les sponsors. Je connais une joueuse qui a quitté une marque pour une autre en traitant les responsables de « gros nuls » et en claquant la porte pour une question d'argent. Quand ses résultats ont commencé à faiblir, fatalement, le nouveau sponsor a, à son tour, revu sa rémunération à la baisse, jusqu'à passer en dessous du niveau minimum assuré par le premier. La joueuse a alors tenté de renégocier son contrat avec le sponsor de ses débuts qui l'a gentiment envoyée promener. Elle en était toute désolée. Je lui ai conseillé l'attitude suivante : « Le niveau du tennis français est si fort que ça devient de plus en plus dur de prendre sa part du gâteau. Ne t'occupe donc pas de ça pour l'instant. Joue, gagne, et tu resigneras un bon contrat où tu voudras ! »

• Règle numéro six : *Ne pas mêler argent et sentiments*

Le contrat qui a fait couler le plus d'encre est celui qui me lie depuis 1990 à Gaz de France. C'est Benoîte Lardy, mon agent, qui est à l'origine de ce contrat.

Elle avait fait réaliser par BML, sa société de communication, une campagne de prospection auprès de trois cents entreprises. BML avait d'abord conçu une plaquette destinée à mettre en valeur ma personnalité, mon caractère, mon potentiel de progression, mon exposition médiatique, ma renommée internationale, etc.

Ensuite, BML l'avait envoyée à des entreprises soigneusement sélectionnées en fonction de critères marketing spécifiques. Benoîte avait interrogé tous les publicitaires, agents d'artistes ou de mannequins qu'elle connaissait, fait faire des études de notoriété et de présence dans la presse, pour calculer avec eux le prix que valait l'exploitation de mon nom et de mon image à des fins publicitaires ou autres. Puis elle divisa par trois les montants préconisés par ses amis. Plusieurs entreprises se révélèrent intéressées, dont Gaz de France. Un contrat de trois ans fut signé pour la somme de 1 million de francs par an.

La révélation de ce chiffre en France déclencha un véritable cataclysme dans le milieu si macho du tennis. Comment une joueuse, Tauziat de surcroît, pouvait-elle percevoir autant d'argent ? Les agents du tennis était furieux de ne pas avoir osé les premiers vendre leurs joueuses, bien moins « insignifiantes » que moi, à ce prix. Ce prix était pourtant facile à justifier. Combien vaut la participation d'un comédien ou d'un mannequin même inconnu pour une pub ? Ou la journée d'un journaliste pour animer un séminaire ? Ou la présence d'un présentateur de télévision pour une remise de prix ? Au niveau des prestations, nous naviguons dans les mêmes eaux. En tout cas, ce prix ne posa pratiquement aucun problème du côté de Gaz de France. Une seule fois, en province, un syndicaliste, devant toute une assemblée, me demanda de me justifier par rapport à ce que gagnaient les agents de GDF. J'expliquai tout ce que je pouvais apporter à la société à l'extérieur en termes d'image, comme à l'intérieur, en participant à des journées de promotion dans les provinces et en favorisant une animation par le biais d'un grand tournoi et de stages destinés à fédérer l'ensemble des « gaziers ». Je pense avoir été convaincante.

Côté tennis, les jaloux ne manquaient pas qui hurlaient carrément à l'escroquerie. Au lieu d'embrayer dans le même sens que mon propre agent en valorisant mon image, celui qui allait devenir le conseiller de Gaz de France dans ce domaine expliqua aux responsables qu'ils s'étaient carrément « fait avoir ». Que j'étais « nulle » et « surpayée » et qu'à ce prix-là il y avait beaucoup mieux à faire dans le tennis.

Les autres agents, eux, saisirent l'occasion pour proposer leurs joueuses, entre autres Mary Pierce, et pour un montant supérieur ! Toutes les filles allaient plus tard, profiter de ce que mon agent avait fait : valoriser le tennis féminin en faisant pratiquer les tarifs qu'il méritait. Quand je pense que dix ans plus tard Gaz de France envisageait d'organiser pour cinq ans le Masters féminin à Paris ! Quel sentiment de fierté pour moi qui fus la première à porter leurs couleurs, surtout après avoir gagné l'Open Gaz de France.

Je n'ai jamais eu le sentiment de voler cet argent. Je me suis impliquée avec autant de sérieux et de passion. La seule fois où je me suis sentie vraiment gênée, c'est à titre tout à fait personnel, quand j'ai sympathisé avec une marathonienne extraordinaire. Elle était admirable, mais ses efforts n'étaient pas rémunérés tout simplement parce qu'elle avait la passion d'un sport « non porteur ».

Mon association avec Gaz de France dure depuis dix ans. Ce que j'ai préféré au cours de cette longue expérience, ce sont mes rencontres avec le personnel, les agents gaziers, en province ou au tournoi de tennis interne de Gaz de France, la « Coupe Nathalie Tauziat ». Je me suis attachée à eux parce que nous avons de nombreux points communs. Je leur apporte mon expérience et eux leur désir de progresser. Nous partageons un certain sens des valeurs telles que la simplicité, le naturel, la convivialité. J'ai éprouvé une sensation forte, en février 2000, et un vif plaisir à leur remettre leur trophée à eux, à Paris, alors que j'étais encore en course dans le tournoi. Je sais qu'ils m'aiment bien pour ce que je suis, mais c'était chouette de leur dédier mes victoires. J'ai toujours fait ce qu'on attendait de moi avec gentillesse. Je n'ai jamais fait faux bond, et pourtant, ce ne fut pas toujours facile. Il a fallu que je franchisse un certain nombre d'obstacles. Et d'abord les assauts d'un représentant de Gaz de France qui tomba sous mon charme. Toutes les fois que nous devions nous déplacer, j'avais droit au même et inutile scénario : dîner aux chandelles, chambres contiguës, allusions en tout genre. Je n'y étais évidemment pour rien et repoussais systématiquement ses avances. Je n'étais pas du tout à l'aise. Jeune et inexpérimentée, je veillais à garder mes distances en me disant que c'était une chose qui faisait partie du système. Finalement, quand je fis part de mes inquiétudes à mon agent, le problème fut immédiatement réglé et dès lors je fus accompagnée par d'autres personnes.

Il me fallut également convaincre à chaque renouvellement de contrat que je valais bien ce que je demandais, et c'était douloureux. Surtout au moment où mes résultats et mon classement chutèrent. J'avais la sensation que les décideurs envisageaient plus facilement ma reconversion qu'une possible remontée. J'en étais blessée car je sentais bien qu'ils ne me faisaient pas confiance. Finalement, je pris cette situation comme un challenge : j'allais leur montrer que je n'étais pas finie et donner tort à leur fameux consultant. J'attribuais à celui-ci l'attitude que Gaz de France avait à mon égard. Puisque toutes les réserves qui avaient été formulées au sujet de mon contrat dataient du moment où il était devenu leur conseiller. Ancien champion, il n'avait pas su percevoir mon potentiel. Je pense qu'il était sincère quand il disait que je n'avais pas d'avenir. D'ailleurs, il n'a pas compris comment j'ai pu arriver dans les cinq meilleures mondiales. C'est pourquoi aujourd'hui, quand il me félicite en public, j'hésite entre lui rire au nez ou lui balancer tout ce que j'ai sur le cœur. Tant que je ne le ferai pas, je ne serai pas apaisée.

En 1999, j'ai mis un point d'honneur à gagner cet argent grâce à mon mérite plus que grâce à mon image, même si, comme je l'ai expliqué plus haut, je suis consciente de ce qu'elle représente. Fini le temps où, comme en 1992 ou en 1997, lorsque j'étais au fond, j'aurais préféré raser les murs plutôt que d'affronter mes partenaires.

C'est vrai, j'ai été très vexée d'avoir été traitée comme une joueuse ordinaire, mais j'ai fini par me faire une raison. Le sponsoring n'est pas une affaire de sentiments. C'est un mariage d'intérêt. Cela rapporte de l'argent aux sportifs, mais il faut aussi que cela rapporte quelque chose au sponsor. En gagnant l'Open Gaz de France cette année, j'espère avoir honoré totalement mon contrat. D'ailleurs ce n'est pas un hasard si j'ai entamé mon discours ainsi après ma victoire : « J'espère que *maintenant* les gens de Gaz de France sont fiers de moi. »

- Règle numéro sept : *En affaire, il n'y a pas d'amis*

C'est une histoire bien triste que je vais vous raconter maintenant. J'étais tombée amoureuse du Country Club de Biarritz, dirigé par l'entrepreneur qui l'avait construit. Comprenant six courts couverts, trois terrains en terre battue, trois durs, et un terrain synthétique extérieur, plus un jacuzzi, une salle de musculation, un club-house, et même un espace pour une future piscine, ce haut lieu de la bourgeoisie biarraute drainait une belle clientèle dans une ambiance sympa. Le maître des lieux, dynamique et affable, avait connu mon père en Afrique, et il semblait réunir toutes les garanties nécessaires pour que nous nous engagions à ses côtés. Il était très lié à Jean-Paul Loth qu'il avait chargé des relations publiques du tournoi féminin de Bayonne, le challenge Whirlpool. Les conseilleurs n'étant pas toujours les payeurs, Jean-Paul Loth m'encourageait vivement, à chacune de nos rencontres, à investir dans le club. A croire que dès que Jean-Paul Loth intervient dans ma vie cela débouche sur une catastrophe pour moi. On n'était décidément pas faits pour s'entendre.

Le projet de départ était le suivant : je donnais mon nom au club, mon coach reprenait l'école de tennis et créait un centre d'entraînement, sans être payé, mais en profitant des installations. Au bout de deux années, le directeur me demanda d'investir de l'argent dans le club. Et, pour la somme de 500 000 francs, je devins l'une des actionnaires. Quant à Régis, il mit 250 000 francs sur la table.

Huit mois plus tard, le directeur me proposa carrément de me vendre le club pour la somme d'1 million de francs. C'est alors que mon père, méfiant comme personne, et bien que le directeur soit un copain, fit faire un audit. Et là, malheur ! Nous découvrîmes le pot aux roses : un trou de 9 millions de francs ! Adieu le beau rêve de voir « notre » club se développer ! Aujourd'hui, le club est détruit. Et le terrain bien situé est l'objet de toutes les convoitises et de toutes les luttes d'influences politico-sociales. J'ai récupéré un petit peu d'argent de ma mise, mais Régis rien du tout. Je n'ai jamais revu le directeur et n'ai entendu parler de lui que pour apprendre qu'il m'en voulait terriblement d'avoir... fait pratiquer un audit ! Nous nous sommes rabattus sur le plus modeste TC Gaillou, à Capbreton. C'est un club qui « vivote » comme tous les petits clubs de France. Mais qui « vivote » avec beaucoup de chaleur pour tous ceux qui en franchissent le seuil, quel que soit leur niveau. Certes, le TC Gaillou n'a pas le lustre du Country, mais au moins, on y est « chez nous ».

• Règle numéro huit : *Ne pas rêver en dollars, mais réaliser après déduction des frais — des impôts et des charges !*

Le fax commence ainsi (en-tête manuscrit sur un texte tapé à la machine) : Chère Nathalie Tauziat, bravo pour votre victoire à l'Open Gaz de France, et, au bas de la page, écrite à la main cette dédicace touchante : « C'était superbe ! Quel art et quelle élégance ! Bravo, Merci, et bien amicalement. » Signé Jacques Chirac.

J'étais fière et cela m'a fait énormément plaisir. Mais quand je me souviens de mon émotion en voyant l'équipe masculine de Coupe Davis reçue à l'Elysée à la suite de leur grande victoire à Malmö, je n'ai pas compris pourquoi l'équipe féminine de la Fed Cup n'avait pas été récompensée. C'est vrai, je n'ai pas honte de le dire, j'aurais aimé recevoir la même marque de reconnaissance que les garçons pour mes résultats, ou quelque chose qui témoigne de mon souci d'être une ambassadrice impeccable de mon pays à l'étranger et une citoyenne exemplaire. Depuis quinze ans, je paie mes impôts en France, ce qui constitue d'assez jolies sommes d'argent, comme je le détaille plus loin. Il ne m'est jamais venu à l'esprit d'aller vivre en Suisse ou en Angleterre pour économiser de l'argent. Aussi aurais-je aimé que mon civisme (de plus en plus rare parmi ceux qui gagnent beaucoup d'argent sur une période très courte) soit apprécié. Au lendemain de notre victoire en Fed Cup, nous avons failli être reçues à l'Elysée, mais on nous apprit que le projet était finalement ajourné. Il paraîtrait que l'attitude désinvolte de Yannick Noah l'année précédente après la victoire des Français à Malmö en Coupe Davis ait eu raison de l'humour de Jacques Chirac. Dommage pour moi. J'aurais su faire bonne figure ! Enfin...

A titre indicatif, voilà en quelques postes clés comment se répartissent mes recettes et mes dépenses (chiffres en francs extraits de ma déclaration à l'issue de l'année 1998) :

Recettes :	
Gains en tournois (simples et doubles)	5 800 000
Gains en sponsoring	2 700 000
Dépenses :	
Déplacements, voyages	860 000
Entraîneur (tennis + physique)	1 350 000
Agent	430 000
Cotisation sociale	610 000
Impôts	2 760 000
Solde :	2 490 000

17

Anna K et les agents doubles

Egérie du tennis-business, Anna Kournikova est « starifiée », statufiée, adulée. Son corps de mannequin est à l'origine de sa colossale fortune. Colossale par rapport à ses résultats. Mais Anna « fait vendre ». En privilégiant les stars par rapport aux athlètes, les agents, qui sont aussi parfois — malheureusement — directeurs de tournois, engagent le tennis sur une voie dangereuse.

On raconte sur Anna Kournikova des choses étonnantes. De ses prétendus baisers fougueux en Australie avec Mark Philippoussis jusqu'aux sombres raisons qui l'auraient poussée à éviter le voyage à Moscou pour affronter la France en 1999, en passant par son chiffre d'affaires en contrats publicitaires qui frise l'irréel, tout est sujet à caution. Le vrai du faux est difficile à démêler. La presse n'a pratiquement plus accès à la joueuse.

Ses « one to one » organisés par ses agents ou sponsors ne sont pas sans évoquer les tournées promotionnelles de Leonardo Di Caprio.

J'ai ainsi entendu dire qu'elle avait renoncé à la rencontre Russie-France de la Fed Cup parce que la mafia voulait l'assassiner. Je l'ai rencontrée à Moscou deux mois plus tard. Elle m'a dit qu'elle s'était blessée. Point. D'ailleurs elle ne donnait pas vraiment l'impression d'être en danger...

Elle n'avait pas de garde rapprochée. On a dit aussi

que si elle avait fait l'impasse sur la Fed Cup, c'était plutôt pour des raisons financières. Moins romanesque bien sûr que l'hypothèse de la menace mafieuse, mais à mon avis plus plausible.

Si Anna semble avoir une vie aussi palpitante que celle d'une star de cinéma (il paraît qu'elle va tourner prochainement dans une comédie de Jim Carrey), c'est que des gens autour d'elle s'emploient à construire son mythe en cultivant un côté mystérieux. Et, du coup, elle en rajoute un peu. Mais peut-on juger une jeune fille de dix-huit ans habituée à avoir le monde à ses pieds depuis qu'elle en a douze ?

En mettant en scène une vie plus ou moins sulfureuse, les gens chargés de sa promotion — et de celle du tennis féminin dans son ensemble — excitent les curiosités et donnent à sa carrière un tour flamboyant. Mais je crois que ce qui flambe le plus autour d'elle, ce sont surtout les prix. Beaucoup de chiffres ont été avancés. Il est très probable qu'elle ait gagné plus en sponsoring que sur le court depuis le début de sa carrière pro, en 1996.

Un rapport qualité-prix absolument imbattable.

Et cela ne fait que commencer. Autour d'elle, tout le monde s'active, rivalisant d'ingéniosité pour renforcer son image de Lolita aux formes absolument parfaites. Qui d'autre qu'Anna pourrait inspirer un sujet dans Stade 2 sur les difficultés qu'ont les arbitres à se concentrer quand ils sont placés derrière elle ?

L'opération qui a consisté l'an dernier à offrir sa robe en petits morceaux à Roland-Garros fut, de mon point de vue, une insulte à la femme sportive. Bien sûr, elle implore : « Je veux être une joueuse de tennis comme les autres. Arrêtez de me marginaliser sous prétexte que je suis jolie. » Mais quand elle accepte de participer à une telle opération, est-elle vraiment une joueuse comme les autres ?

Kournikova, je peux en parler sans jalousie, ni méchanceté, car je l'aime bien. Elle est mignonne, rigolote et plutôt gentille, même si elle ne respecte malheureusement pas tout le monde. Moi, elle me respecte, surtout depuis qu'elle travaille avec Eric Van Harpen. Cette association lui a coûté son statut de partenaire privilégiée de double avec Martina Hingis parce que la Suissesse n'a aucune envie d'être associée de près ou de loin à Van Harpen. Mais au moins Anna a-t-elle fait un choix qui va dans le sens de sa carrière. Elle est tellement jolie qu'on lui prête trop facilement toutes les qualités, y compris celles qui lui font défaut. J'entends souvent dire : « Quel jeu magnifique elle a ! »

En fait, son jeu était, à ses débuts, tellement stéréotypé que toutes les joueuses un peu expérimentées la voyaient arriver de très loin. Heureusement, elle s'est beaucoup améliorée ces derniers temps. Quand je l'ai affrontée à l'Open Gaz de France, à Paris en février 2000, j'estimais que je n'avais pas le droit de perdre. Dans mon esprit, il était impératif que je la batte pour démontrer que le tennis n'est pas un défilé de mode mais une affaire sérieuse fondée sur des critères sportifs. Perdre m'aurait vraiment minée. Et au troisième set j'ai donné tout ce que j'avais pour remporter ce match.

Cela dit, j'ai eu du mal à triompher parce qu'Anna a fait d'énormes progrès. Je le lui ai dit dans les vestiaires, après le match. Elle est désormais capable de se concentrer uniquement sur la balle. Elle ne laisse plus son esprit vagabonder à la recherche de quelque regard admiratif. Elle ne donne plus de points comme par le passé. Et si elle continue ainsi, elle va devenir très forte. A condition de tenir face au cyclone médiatique dont elle est l'épicentre.

Pour la WTA, Anna est un véritable tiroir-caisse en puissance, une aubaine blonde. Il y a deux ou trois ans aux Etats-Unis, j'assistais à un match depuis le « Players Lounge » entre elle et Lindsay (Davenport). Au début, je surveillais le score distraitement. Mais les jeux se mirent à défiler : 6-2, 4-1 pour... Kournikova ! J'assistai à un véritable « lynchage » de Lindsay par les spectateurs complètement envoûtés par la Russe ! C'est vrai qu'à l'époque Lindsay n'était pas bien dans sa peau, et j'imaginais que l'affront qu'elle était en train de subir n'allait pas l'aider à sortir du trou. Curieuse, je me dirigeai vers le bureau des filles de la WTA pour connaître leur sentiment. Rien, aucune réaction. Elles n'en avaient rien à faire. Une des joueuses les plus sympas du circuit, une Américaine de surcroît, était totalement en perdition pour des raisons parfaitement antisportives, et personne ne s'en offusquait. Je tentai de leur faire prendre conscience de la dureté de la situation. Réponse d'une des responsables : « Oh, tu sais, Anna est tellement jolie ! Lindsay se sent rabaissée, alors elle n'arrive plus à jouer. Bof, c'est pas grave ! » Je me suis mise en colère : « Comment ! Mais qu'est-ce que c'est pour vous le tennis ? Un casting pour le prochain *James Bond* ? Mais de quoi voulez-vous qu'on parle : chiffons ? ou palmarès ? » J'étais furax ! Elles, elles rigolaient, me trouvant mal embouchée. Heureusement, depuis, Lindsay s'est bien reprise, et aujourd'hui, si Anna veut la battre, il va falloir qu'elle soit forte.

Mais si presse, agents, et organisateurs traitent Anna comme une star et ont pour elle infiniment plus d'égards que pour n'importe quelle autre joueuse, les joueuses, quant à elles, ne la considèrent pas encore comme une championne. Et, naturellement, elles cherchent toutes à le lui démontrer. Contre elle, toutes s'accrochent encore plus pour bien lui faire sentir que, sur le court, être la plus belle est inutile. Cela ne m'empêche pas, une fois le match terminé, de plaisanter avec elle. Il n'y a pas longtemps, je la croisai dans les vestiaires. Elle était en train de ranger ses affaires. J'aperçus deux téléphones portables au milieu de ses brosses à cheveux. Je lui demandai : « Anna, pourquoi deux téléphones ? » Elle répondit, avec le plus grand naturel : « Parce que j'ai deux petits amis ! Un téléphone par boy-friend. » Vrai ou faux ? Peu importe. C'est aussi pour cela qu'elle m'amuse. Nous sommes si différentes. Tout nous oppose tant qu'on finit par éprouver l'une pour l'autre une forme de sympathie.

Il existe au sein de la WTA le système « marraine », lequel consiste à mettre en relation une ancienne joueuse avec une débutante. L'idée est plutôt sympa, sauf que la marraine doit impérativement avoir pris sa retraite. Or, la plupart des filles qui arrêtent n'ont qu'un rêve : faire enfin un break avec le tennis. Il serait pourtant préférable de rechercher des filles expérimentées encore en activité. Anna a choisi Kathy Rinaldi, mais elle ne la voit pratiquement jamais. Kathy est mariée en Floride. Elle élève un petit garçon et n'a aucune envie de venir régulièrement encourager Kournikova. Si je ne suis pas officiellement la marraine d'Anna, il m'arrive cependant de jouer ce rôle quand elle le sollicite. Elle a besoin qu'on lui parle franchement, sans chercher à l'épargner comme la plupart des gens qui se laissent marcher sur les pieds, par peur qu'elle ne coupe les ponts.

Anna ? A mon avis, elle en a déjà assez d'être adulée. Assez qu'on lui répète qu'elle est la plus belle, la plus ceci, la plus cela. Même si elle joue de son charme et de son physique, le rêve de sa vie, c'est de jouer au tennis. C'est sa passion. La vraie. Ce qu'elle veut, c'est gagner enfin un tournoi pour être reconnue, ou disputer une finale de Grand Chelem, et c'est pour cela que je l'aime bien. Finalement, on en arrive à la situation absurde où elle devient victime d'un système qu'elle contribue elle-même à développer avec plus ou moins de bonne volonté.

Elle attise la passion autant qu'elle la fuit. Je le sais, parce que, lorsqu'on la « remballe », elle se braque un tout petit peu, mais ne se fâche pas. Quelquefois, je lui dis : « Arrête un peu, on en reparlera quand tu auras gagné un tournoi ! » Ou bien (la voyant arriver habillée en mannequin, sa magnifique chevelure flottant librement) : « *Hey, here come the star* ! » Ça l'agace : « Je ne suis pas une star ! » répond-elle, furieuse.

Et pourtant, pour qui se prend-elle quand elle déambule comme une reine dans les allées de Roland-Garros, si absorbée qu'elle n'aperçoit même pas les mains qui se tendent vers elle pour obtenir un autographe ?

Quand je vois Anna faire son cirque, parfois j'ai peur

pour elle. Peur qu'elle passe à côté de sa destinée, peur que le système ne la détruise, qu'elle ne se remette jamais de son succès. Aura-t-elle la force d'un Agassi qui s'est dégoûté de sa propre image avant de justifier sa carrière, sur le tard, de la meilleure manière qui soit ?

Le manque de maturité d'Anna m'empêche encore d'évaluer son intelligence et sa lucidité.

Bien sûr, si elle obtient des résultats à la mesure de sa beauté, Anna sera la joueuse la plus adulée de l'Histoire. Mais si elle échoue, le système peut la broyer. Le jour où la presse, lassée d'être rembarrée, méprisée, réduite au rôle de fan-club, se mettra à la traiter avec autant d'indifférence que Conchita Martinez, je suis sûre qu'Anna se sentira bien seule. On assistera sans s'émouvoir à un remake de l'histoire de Jennifer Capriati installée sur un piédestal avant d'avoir disputé une seule finale de Grand Chelem.

La principale activité des agents aujourd'hui consiste à soigner la médiatisation des joueuses et de moins en moins à rechercher ce qui est bon pour elles, pour leur carrière sportive. Les agents se partagent un marché et se disputent les jeunes joueuses mais, surtout, ils recherchent la rentabilité immédiate avec une inquiétante voracité. De leur point de vue, il vaut mieux lancer dix jeunes joueuses de caractère qui s'évaporeront dans la nature que de suivre de bout en bout la carrière d'une ou deux grandes plus ou moins médiatiques. C'est la loi du marché. Il existe sur le circuit une liste d'une vingtaine de joueuses classées non pas en fonction de leurs résultats mais de leur capacité à « booster » la vente de billets. On l'appelle la *comitment list*. Numéro 5 au classement WTA, je ne suis, par exemple, que quatorzième de cette liste dont font également partie Stevenson et Dokic qui ne sont pas dans le Top 20 officiel.

Cette liste confidentielle créée par les directeurs de tournois à l'usage des directeurs de tournois permet d'attribuer un bonus à certaines joueuses (à condition qu'elles participent à un nombre minimum de tournois déterminé à l'avance). C'est une manière de favoriser les joueuses de caractère au profit des simples athlètes, une prime à l'originalité. Comme la plupart des directeurs de tournois ont également une casquette d'agent, on peut en déduire qu'ils ont toute latitude pour bien traiter leurs clientes et augmenter ainsi leurs propres revenus. Il m'est arrivé, à Chicago notamment, d'être programmée pour une demi-finale à une heure moins favorable (en terme de confort et d'exposition) que celle de ma future adversaire en finale, uniquement parce que celle-ci était sous contrat avec l'organisateur du tournoi.

A mes débuts sur le circuit professionnel, j'ai fait partie de l'écurie d'une des plus grandes agences internationales de marketing sportif. Celle-ci n'avait pas l'air de vouloir beaucoup s'investir sur ma personne. Un jour, je leur ai mis le marché en main : « Ce que j'avais avant de signer chez vous, je le garde. Charge à vous de me trouver des ressources nouvelles. Vous toucherez sur ce que vous m'apporterez. » Ils ont tergiversé. Benoîte-Martine Lardy, elle, a accepté le *deal*.

La plupart des agents vous prélevaient à l'époque 25 % sur les bénéfices dégagés par les contrats de sponsors, et 15 % sur vos gains en tournoi. J'étais opposée au principe de partager les *prize-money* avec un agent. Car je ne voyais pas en quoi celui-ci influait sur mes résultats sportifs. J'estime que ce que je gagne sur un court n'appartient qu'à mon coach et à moi-même. Ce n'est pas mon agent qui m'a appris à jouer au tennis ! Depuis, les choses ont évolué et si les agents prélèvent un certain pourcentage sur les gains des joueuses, c'est pour couvrir les frais liés à l'intendance. Personnellement, je préfère m'en occuper moi-même. Benoîte a accepté d'investir ses compétences sur du long terme et sur un secteur limité de mes activités. Elle n'a pas touché un centime avant d'avoir décroché son téléphone. Elle a beaucoup travaillé et a su gagner ma confiance.

Quand les retombées sont apparues, elle a touché le jack-pot, et c'est normal. Je trouve sain qu'elle, mon coach et moi fonctionnions sur le même principe, celui du mérite. Benoîte est détestée par ceux qui tiennent les rênes du « tennis business » parce qu'elle n'applique pas les usages du milieu. Les grandes sociétés qui défendent les intérêts de nombreux champions proposent des *deals* avantageux aux gros sponsors, au détriment des joueurs en particulier. Imaginons qu'une joueuse ait une valeur intrinsèque de 1 million de francs par an. Si l'agent lui dit qu'elle vaut 800 000 francs, il réalise illico un bénéfice de 100 000 francs pour lui-même, et peut proposer 100 000 francs de ristourne au sponsor. Ainsi tout le monde est gagnant, surtout l'agent qui peut multiplier l'opération par autant de joueurs sous contrat. Le sponsor est avantagé aussi. Il n'y a que la joueuse qui y perd, mais elle ignore sa vraie valeur et qui s'en soucie ?

Mon agent ne jouant pas à ce jeu-là, il est arrivé à maintes reprises qu'un sponsor cherche à négocier directement avec moi. Ce fut difficile pour elle de faire son travail et dur pour moi d'évoluer dans le tennis avec un agent indépendant mais nous sommes blindées. Je crois que nous apprécions la difficulté. Je n'aime pas faire comme les autres, suivre les règles sans les avoir remises en question. Je tiens cela de mon père. Benoîte est comme moi. Je l'ai connue au tout début de ma carrière, quand elle s'occupait de l'association des joueuses françaises de tennis et qu'elle cherchait à créer des tournois WTA. Vaste mission qui semblait vouée à l'échec tant les institutions et l'opinion étaient misogynes à l'époque. Mais elle y croyait, elle se battait. Elle s'est toujours battue. Elle possède un pouvoir de persuasion et une patience qui la rendent efficace sur la durée. Si bien qu'elle a fini par réussir à monter un tournoi et à obtenir de super-contrats pour toutes les filles qui avaient adhéré au mouvement. Elles l'ont finalement mise à la porte de l'association. Jetée comme une malpropre. J'étais numéro 1 française, et je servais de locomotive. Benoîte, en toute logique, m'utilisait comme telle et estimait qu'il était normal de majorer mon pourcentage, les filles ont pensé que nous faisions du profit sur leur dos. Il y a eu clash, et je ne suis pas certaine qu'il ait été favorable à l'ensemble des joueuses. Mais puisqu'elles en avaient décidé ainsi...

Un an plus tard, elle devint mon agent ainsi que celui d'Isabelle Demongeot. Les relations entre Régis de Camaret et Benoîte Lardy ont été parfois houleuses : sans aller jusqu'à dire qu'ils se bouffaient le nez, il faut bien reconnaître qu'ils n'étaient pas souvent d'accord entre eux. Benoite voulait me médiatiser davantage, et Régis estimait que ça pouvait nuire à mon tennis. Il m'a fallu souvent naviguer entre deux courants, mais finalement sans trop de difficultés car il a toujours existé un grand respect mutuel entre nous. Mais j'imagine les mêmes situations quand seul l'argent dicte sa loi ! Attention aux dégâts !

Au contact de Benoîte, j'ai beaucoup appris sur la vie et le monde des affaires. Petit à petit, grâce à elle, je me suis familiarisée avec les règles du tennis-business. Au début je ne comprenais rien, je ne voulais rien savoir. A présent je suis au courant de tout et je peux me faire sur tout une opinion. Je lis les courriers, j'épluche les dossiers. Je suis en mesure de comprendre pourquoi les gens font certaines choses. Je peux même deviner l'intérêt qu'ils ont à le faire. Plus tard, je gérerai moi-même toutes mes affaires. En m'éclairant et en me restant fidèle, Benoîte est devenue plus que mon agent. Elle a sa propre vie, j'ai la mienne, mais une amitié s'est créée. J'ai confiance en elle, moi qui accorde si difficilement ma confiance à quelqu'un. On se remonte souvent le moral. Elle ne m'a pas toujours conseillée dans le bon sens, mais je ne lui en ai jamais voulu. Elle s'est laissé influencer un temps par mes parents, persuadés que je devais changer de coach, que j'avais besoin d'un « déclic », qu'avec Régis j'étais arrivée « au bout de la route ». Je savais qu'elle se trompait. Mais, après tout, ce n'était pas son boulot. Son job c'est de me trouver des sponsors, de développer mon image et ça, pas de problèmes, elle l'a toujours très bien fait, en tout cas dans la mesure des moyens que je lui ai accordés.

Mon désir de me placer hors système ne m'a pas coûté que des quolibets. J'ai également dû faire une croix sur nombre de *wild cards* données par les agents, directeurs ou propriétaires de tournois. Ces « cartons d'invitation sauvages » reviennent plus souvent à leurs joueuses qu'à une « indépendante ». Une année, en 1986, j'ai dû participer aux qualifications de tous les tournois que j'ai disputés. Je me suis qualifiée huit fois sur dix et depuis lors, mon classement m'a toujours permis d'entrer directement dans les grands tableaux. Si la *wild card* est un moyen de pression des agents sur les joueuses qui attendent ce sésame comme un don du ciel, à l'inverse une joueuse à fort potentiel qui ne reçoit pas de *wild card* de son agent peut le menacer d'aller signer chez les concurrents. Et si elle devient très forte par la suite, l'agent peut se aller faire hara-kiri place des Mousquetaires à Roland-Garros ! Le risque lié à la concurrence existe des deux côtés de la barrière. En ce moment, deux joueuses belges super-douées, Henin et Clijters, excitent toutes les convoitises : je peux vous dire que leurs agents se démènent pour obtenir les *wild cards* qu'elles demandent !

Moi, j'ai toujours observé ce spectacle avec beaucoup de recul. On dit que j'ai une tendance à la parano, mais, quand quelqu'un me dit en public que je suis « formidable » et qu'il tente ensuite de faire baisser ma cote auprès de mes sponsors, j'estime que le procédé est révélateur des pratiques du milieu. Or il y a moyen, et Benoîte l'a prouvé, de travailler sans perdre sa dignité. Elle a ainsi été la première à convaincre Gaz de France d'entrer dans le tennis féminin et s'est attiré les foudres des agents traditionnels. Se sont-ils interrogés sur les raisons de son succès ? Je l'espère car elles sont simples : elle a cru en la valeur du tennis féminin avant tout le monde, elle a travaillé avec opiniâtreté et ingéniosité. Si j'avais dû tenir compte de ce qu'ils ont dit sur elle, je l'aurais quittée depuis longtemps ! Mais je lui suis restée fidèle. Et personne n'est venu me débaucher. Les sociétés de marketing sportif dans le tennis ne m'apprécient guère et savent que c'est réciproque.

Je me méfie d'eux comme de la peste. Leur nouveau cheval de bataille ? Tenter par le biais de gros tournois masculins tels que Rome, Hambourg, Monte-Carlo, un rapprochement vers la WTA pour mettre sur pied un circuit mixte. Les agents sont les instigateurs de cette tendance parce qu'ils flairent le potentiel du tennis féminin en même temps qu'ils redoutent un fléchissement du tennis masculin, qui s'est trouvé un patron avec Agassi mais se cherche toujours de fortes personnalités. Personnellement, je redoute leurs manœuvres. J'ai peur qu'ils opèrent ce rapprochement le temps que durera la période de vaches maigres (au point de vue médiatique, car au niveau économique, ils ont un potentiel supérieur au nôtre) du tennis masculin pour mieux nous laisser tomber ensuite, emportant avec eux nos meilleurs sponsors et tout ce qui fait notre succès actuel. Heureusement, la WTA a l'air de bien cerner les enjeux d'une telle révolution et si cela devait se faire, je pense que le cahier des charges serait savamment étudié. Il ne faudrait pas que les tournois mixtes soient à l'image d'Indian Wells, où on a expédié en trois jours la presque totalité des matches féminins pour laisser la place aux hommes.

En attendant un possible rapprochement, les agents continuent leur boulot de surmédiatisation, beaucoup plus facile à réussir chez les jeunes filles que chez les garçons. Parce qu'elles percent plus jeunes et sont capables de séduire beaucoup plus de monde, hommes, femmes, enfants, spécialistes et simples téléspectateurs de tous les pays du monde.

Ils créent maintenant des stars façonnées à la va-vite comme Alexandra Stevenson, ou carrément virtuelles, à l'image de la « petite » Monica Viele, paraît-il très « glamour » et déjà célèbre avant même d'avoir réussi à passer un tour dans une épreuve de qualification. Aujourd'hui, dès qu'une gamine gagne une épreuve de sa catégorie d'âge, pour peu qu'elle soit blonde et bien faite, on la surnomme « la nouvelle Kournikova ». Très bien, mais attention ! Il y a dix ans, quand une fille arrivait précédée d'une réputation de terreur montée de toutes pièces par son agent, toutes les joueuses tremblaient. Aujourd'hui, elles ne rêvent plus que de lui coller une bonne fessée. Les temps changent.

18

Egalité des prix : pas question de boycott

Le système économique est fondé sur la relation joueuse-agent-directeur de tournois. Mais quand les grandes écuries s'emparent du tennis féminin dans son ensemble, je m'interpose. Comme je m'oppose, par exemple, à la lutte pour l'égalité des prix avec les hommes dans les Grands Chelems. Il y a des problèmes urgents à régler.

Si j'avais pu choisir une marraine quand je suis arrivée sur le circuit, j'aurais demandé à Billie Jean King de jouer ce rôle. Aujourd'hui, capitaine de l'équipe américaine de Fed Cup, BJK est la femme à qui le tennis féminin doit tout. Peu de joueuses en ont conscience. Heureusement, moi, j'ai eu la chance de côtoyer Françoise Durr qui m'a raconté tout ce qui s'est passé à l'origine du tennis féminin.

La légende a retenu Houston (Texas) comme point de départ de l'aventure, et son stade, l'Astrodrome, qui résonne encore des cris des trente mille personnes (record absolu d'affluence pour un match de tennis depuis la création du jeu par le major Wingfield à la fin du XIXᵉ siècle) qui assistèrent, le 20 septembre 1973, au « combat des sexes » opposant Billie Jean King (trente ans, douze titres en Grand Chelem) à Bobbie Riggs (cinquante-cinq ans, ancien bon joueur américain), richissime industriel qui avait défié la championne. Les télévisions américaines s'intéressèrent au défi qui fut regardé par quatre-vingt-dix millions de personnes ! En battant son adversaire masculin sur le score 6-4, 6-3, 6-3, BJK éleva artificiellement le tennis féminin au rang de « vrai sport » dans l'esprit du public américain.

En fait, quand on l'interroge sur l'origine du professionnalisme du tennis féminin, Mme King, ex-Mlle Moffitt, situe son point de départ trois années plus tôt, toujours à Houston, mais cette fois au Racquet Club, à l'occasion d'un modeste tournoi auquel participèrent huit autres joueuses formant un noyau d'intraitables suffragettes, sous le nom de « The Original Nine ». C'est sous cette appellation qu'elles deviendraient célèbres, dans leur lutte pour la reconnaissance de la valeur de leur sport. Leur objectif ? Obtenir l'égalité des prix entre les hommes et les femmes. En 1968, alors qu'elle remportait le premier tournoi « open » de Wimbledon, Billie Jean perçut la somme de 1 800 dollars. Pour le même titre, Rod Laver s'adjugea un chèque de 4 800 dollars. Dans les tournois ordinaires, c'était pire. Les hommes gagnaient jusqu'à douze fois plus que les femmes.

Alors qu'elles devaient disputer le tournoi de Los Angeles organisé par Jack Kramer — ancien champion et ardent défenseur du tennis masculin comme le prouvaient ses barèmes de prix : 12 500 dollars pour les joueurs, 1 500 pour les joueuses —, Billie Jean, son mari, Lary, et ses amies joueuses entreprirent d'organiser un tournoi aux mêmes dates, à Houston, doté de 5 000 dollars, grâce à l'apport d'un sponsor.

Les membres du Racquet Club se mirent au service des joueuses, leurs enfants s'acquittant des petites tâches d'intendance. Seuls quelques journalistes locaux prêtèrent attention à ce projet qui risquait pourtant de gâcher la carrière des neuf joueuses. Menacées de suspension, voire d'exclusion définitive pour non-respect des nouveaux statuts professionnels par la Fédération internationale et la Fédération américaine, sept des dix meilleures joueuses du monde prirent cependant le risque de s'engager à Houston. Le tournoi fut remporté par Rosy Casals, la partenaire de double de King, qui empocha un chèque de 1 600 dollars devant quelque deux mille spectateurs qui avaient payé leur ticket 2 dollars.

Elles furent bel et bien bannies, mais d'autres joueuses se joignirent à elles, dont Françoise Durr (gagnante de Roland-Garros en 1967), des sponsors de plus en plus nombreux vinrent aider ces joueuses déterminées (Julie Heldman, blessée, disputa même un point symbolique par pure solidarité), et elles réussirent à faire lever les sanctions à temps pour participer à Roland-Garros en 1971.

La machine était lancée. Trois décennies plus tard, les prix ont flambé. J'ai relevé dans le magazine américain *Tennis* un tableau comparatif des conditions économiques entre 1970 et 2000. Le prix moyen d'un billet vendu dans un tournoi exclusivement féminin est passé de 2 à 55 dollars, et la fréquentation pour une semaine de 2 000 à 50 000 personnes. Le montant des prix attribués à une gagnante atteint les 50 000 dollars en moyenne. Aujourd'hui, une quart-de-finaliste battue touche 38 fois plus (11 445 dollars) qu'en 1970. Les Top Ten se partagent en une année 1 683 783 dollars uniquement en gains dans les tournois (41 fois plus). Côté contrats, en 1970, les vingt premières joueuses représentaient de 1 à 3 produits, tous liés à la pratique du tennis, contre 5 à 10 aujourd'hui, comprenant des montres, boissons, voitures, produits de beauté, vêtements de ville, etc. Ces contrats qui représentaient entre 1 000 et 2 000 dollars de revenus en moyenne en un an par joueuse sont estimés aujourd'hui entre 2 et 5... millions de dollars.

Quoi qu'il en soit — et symboliquement cela doit faire enrager Billie Jean King —, il n'y a qu'à l'US Open que les femmes touchent aujourd'hui autant que les hommes. A Roland-Garros, les joueuses touchent 90 %, et à Wimbledon 85 % du prix attribué aux hommes. En Australie, après avoir offert la parité aux joueuses, les organisateurs sont revenus en arrière, à 95 %, au lendemain d'une finale Graf-Sanchez qui n'avait duré qu'une quarantaine de minutes à une époque où le tennis féminin était au creux de la vague. Depuis, le spectacle proposé par les joueuses s'est nettement amélioré, d'où le coup de gueule récemment de Martina Hingis évoquant un boycott possible de l'Australian Open 2000. Ce que j'en pense ? Je suis contre pour l'instant, car c'est « mettre la charrue avant les bœufs ». Avant de brandir une telle menace et demander l'égalité des prix dans les tournois du Grand Chelem, commençons d'abord par fournir des arguments valables. A Roland-Garros, le directeur du tournoi, Patrice Clerc, fait habilement remarquer que, comme les femmes jouent leur simple en deux sets gagnants donc souvent trois sets, il leur est plus facile de disputer des doubles. En cumulant simple et double, elles arrivent donc à gagner plus d'argent que les hommes condamnés aux travaux forcés des cinq sets de simple. Plutôt que de faire des comptes d'apothicaire, dans un milieu où le double n'est d'ailleurs pas toujours bien vu des organisateurs de tournois, j'estime qu'un débat sur les cinq sets (trois sets gagnants) pratiqués par les hommes devrait être ouvert.

Cinq sets, c'est la tradition, certes. Mais cette tradition semble causer de plus en plus de problèmes. J'en vois deux principaux : la durée excessive de certains matches, qui ennuient les spectateurs et téléspectateurs et relèguent les femmes sur les courts annexes, à des heures impossibles, et l'incitation à l'usage de produits dopants. Qui pourra tenir toute une carrière à disputer quatre fois par an sept matches d'affilée en cinq sets, plus la Coupe Davis ? Que les finales se disputent au meilleur des cinq manches, pourquoi pas ? Mais tout un tournoi, je trouve que le format est dépassé. Et si les hommes venaient à adopter des normes comparables à celles des femmes, peut-être pourrait-on (re)commencer à parler sérieusement d'égalité des prix.

Actuellement, on est plutôt mieux loties en Grand Chelem que durant le reste de la saison. Le WTA Tour est moins doté que l'ATP Tour (47 millions de dollars de prix pour 62 tournois dans 29 pays, contre 65 millions de dollars pour 70 tournois dans 32 pays). Chez les femmes, le tournoi hors Grand Chelem le plus doté (1 080 000 dollars) distribue tout de même trois fois moins d'argent que son équivalent masculin. Alors plutôt que d'aller chipoter quelques dollars de plus au nom de la parité, je pense qu'il serait plus judicieux de travailler l'image du tennis féminin en profondeur. Faire en sorte que le marché entier se développe davantage et que, par voie de conséquence, les organisateurs de tournois du Grand Chelem soient « obligés » de nous rémunérer comme les hommes. Pour l'instant, ils peuvent encore dire que les sponsors et les VIP recherchent plus les matches d'hommes que ceux de femmes, etc. Même si, et je m'en réjouis, la tendance est en train de s'inverser. Le vrai combat, c'est de réussir à faire basculer cette tendance ou tout simplement d'obtenir un véritable équilibre. Je crois que beaucoup de filles sont d'accord avec moi sur ce plan.

Quand je suis arrivée à Sydney en début d'année, j'avais été informée des déclarations de Martina Hingis à ce sujet par la presse française. Mais, là-bas, personne ne parlait de ça. En revanche, la question de la répartition des prix entre les meilleures et les « smicardes » (cela dit sans aucune nuance péjorative) du circuit resurgissait dans les conversations.

Ce problème est actuellement le plus grave du tennis féminin. Il y a aujourd'hui seulement un très petit nombre de joueuses professionnelles qui peuvent vivre du tennis. A cause de la mainmise scandaleuse des agents sur le WTA Tour, il a toujours été impossible de faire la moindre réforme et d'améliorer la situation. Les joueuses sont beaucoup plus faciles à manipuler que les joueurs. Tout est fait pour les rendre jalouses les unes des autres et les empêcher d'être solidaires. Elles ne s'en rendent compte que lorsqu'elles quittent le circuit... trop tard.

Le second souci des joueuses était les conflits soulevés par l'apparition du nouveau sponsor principal du circuit féminin : Sanex, une marque de produits et soins de beauté.

Le patron de la WTA, Bart McGuire, se félicite de ce partenariat qui procure une bonne image aux deux parties. Il n'empêche à mon avis, qu'il pose problème. Ainsi, toutes les joueuses qui, par contrat, n'ont pas le droit de porter le badge d'autre sponsor sur leur tenue, sont dispensées d'arborer les couleurs du nouveau, Sanex, que toutes les autres, en revanche, doivent porter. Est-ce juste ? Je ne le pense pas. Pourquoi mon sponsor, Lacoste, serait-il pénalisé par rapport à d'autres ? Parce qu'il n'a pas opté pour une exclusivité ? Mais moi je n'ai pas opté pour Sanex ! Si L'Oréal me propose un contrat mirifique — « parce que je le vaux bien » —, que dois-je répondre : « Non merci, désolée, mais je suis en contrat avec Sanex. J'ignore totalement ce que ça me rapporte, mais, bête et disciplinée, je me plie aux ordres de la WTA » ?

On nous impose ce sponsor dans « l'intérêt du tennis féminin ». Soit. Mais on ne nous explique rien. J'ai assisté à une réunion de présentation du projet en 1999. J'ai écouté le conférencier, un représentant du Groupe IMG-McCormack, agent de la WTA et grand manitou du tennis féminin, avec le plus vif intérêt. A un moment donné, je suis intervenue : « Ecoutez, vous nous parlez de contrat global, mais, individuellement, nous ne voyons jamais la couleur de cet argent. Nous ne comprenons pas à quoi il sert. Alors puisque nous sommes si bêtes, expliquez-nous où est l'intérêt des joueuses ! Vous nous parlez de six millions de dollars. Très bien, bravo, mais maintenant vous allez nous dessiner des camemberts et nous montrer comment cette manne va être répartie "pour le bien du tennis féminin". Vous voulez être soutenu par les joueuses ? Les joueuses veulent être soutenues par un pouvoir efficace ? Mais si tout est flou, personne ne bougera, c'est normal ! » Personne n'a été capable de me répondre clairement. Bart McGuire s'approcha de moi et me dit : « C'est vrai, tu as raison, il va falloir mieux expliquer la situation. » Je lui ai répondu que je me moquais d'avoir raison. Je voulais simplement éviter que cette opération soit juste une belle opération commerciale (la commission ne doit pas être négligeable) pour l'agent de la WTA alors que les joueuses ne savaient même pas quels avantages elles allaient en tirer.

Je trouve d'ailleurs incroyable qu'on nous prélève 10 % de nos gains, dans tous les tournois, pour payer le fonctionnement de la WTA. Cet « impôt » forcé représente six millions de dollars par an, soit la somme exacte versée par notre nouveau sponsor. Pourquoi ne pas nous laisser nos prix et utiliser cette ressource ? Réponse : pour améliorer le fonctionnement et la médiatisation du tennis féminin. On m'a assurée que de nouveaux postes allaient être créés.

Les responsables accusent souvent les joueuses d'un « manque d'engagement », comme si elles n'étaient pas concernées par leur propre statut.

Et où sont passés tous les droits TV ?

Mais moi je pense que la WTA maintient les joueuses dans l'ignorance, afin de les manipuler plus facilement. Et le staff dirigeant se garde bien d'établir des passerelles entre les Top et les autres. Sous prétexte que les conditions des unes et des autres sont complètement différentes, ils n'organisent jamais de réunions communes, ce qui entretient le clivage entre les deux mondes : diviser pour mieux régner, telle est leur devise.

A la WTA, tout le monde sait à quel point je suis réservée à l'égard du contrat Sanex. Je me méfie de ces sponsors uniques qui disposent de trop de pouvoir sur notre sport, verrouillent le marché et dissuadent d'autres sponsors de s'intéresser au tennis féminin. Car le jour où ils vous laissent tomber, vous avez de bonnes chances de tomber de haut. En Australie, début 2000, j'ai bataillé avec les dirigeants de la WTA. Pour me convaincre de porter le badge du nouveau sponsor, ils m'ont présenté une plaquette dédiée à la gloire des joueuses. Je la feuilletai tout en discutant d'un ton badin. Page après page, je découvris des photos de filles toutes plus spectaculaires les unes que les autres. Arrivée à la dernière page, je leur tendis leur brochure : « Elle est très bien votre plaquette. Mais je fais partie du Top Ten depuis dix-huit mois et je ne suis même pas en photo dedans. Vous voyez bien, je ne vous intéresse pas ! Eh bien, votre badge ne m'intéresse pas non plus ! »

Ils étaient très mal. Ils tournaient et retournaient le magazine dans tous les sens, terriblement gênés : « Excuse-nous, nous avons commis une grave erreur... »

Si j'étais vexée ? Honnêtement, non. Je ne place pas mon orgueil à ce niveau. Mais j'étais très contente de les avoir mis dans l'embarras.

Il y a des combats plus importants à mener, notamment au niveau de la répartition des prix. Actuellement, si nos tournois sont moins dotés que ceux des hommes, la somme attribuée à la gagnante est proportionnellement supérieure à celle offerte au vainqueur d'un tournoi masculin. Chez les femmes, l'argent va d'abord aux riches. Or, j'estime que les meilleures pourraient gagner dix mille dollars de moins au profit des « petites » joueuses, à qui cette somme serait terriblement utile. Je le pensais déjà, bien sûr, quand je faisais partie des « petites », mon appartenance au Top Ten n'a rien changé à ma façon de voir. Une des raisons pour lesquelles cette répartition perdure au-delà de toute logique, c'est qu'aux Etats-Unis on mesure la valeur d'un tournoi non à son enveloppe globale comme en Europe, mais à la grosseur du chèque remporté par la gagnante. Plus il est important et plus le tournoi est prestigieux. Une bonne photo avec un chèque d'un mètre sur deux, il n'y a rien de tel pour frapper les esprits outre-Atlantique.

Les agents rêvent de n'organiser que des épreuves à seize joueuses dont huit stars, payées des milliers de dollars. Or, pour qu'une élite se forme il faut alimenter un réservoir important. De plus, je suis persuadée qu'à moyen terme les gens se lasseraient de voir toujours les mêmes s'affronter chaque semaine. Je crois au contraire qu'il faut ouvrir les portes en grand et favoriser les progrès d'un maximum de joueuses de tous les continents en les payant mieux à leurs débuts.

Il y a quelques années, j'ai voulu entrer à la WTA pour défendre cette idée d'une nouvelle répartition des richesses entre « grandes » et « petites » joueuses. Je voulais valoriser la carrière des filles par les gains acquis sur les terrains et non par le biais de l'exploitation de leur image. J'ai fait partie du Bureau, dont je me suis fait virer rapidement, par les agents des joueuses du Top Ten qui les ont alertées sur les dangers (pour elles et donc pour eux) de la politique que je défendais. J'ai même eu droit à un procès ! J'étais membre de ce bureau en compagnie de Brenda Schultz, Mary-Jo Fernandez, Dominique Van Roost, Florenza Labat, Janet Kruger, Arantxa Sanchez et Irena Spirlea.

Au début, tout le monde était d'accord pour défendre les qualifications (portes ouvertes aux joueuses modestes pour entrer dans les grands tableaux) alors que les agents les remettaient en question. J'étais favorable à une meilleure rémunération des battues du premier tour jusqu'aux quarts de finale, au détriment des prix attribués aux demi-finalistes et finalistes. Prendre aux riches pour donner aux pauvres. On était un peu les Robin des Bois du circuit féminin ! Mais le beau projet a vite capoté. Sanchez, Spirlea, Schultz, Davenport et Graf ont intenté un procès aux autres joueuses du Bureau pour défaut de procédure. Même s'il a tourné court — j'en ai été quitte pour cinq cents dollars de frais d'avocat, une misère aux Etats-Unis —, la démarche est significative de l'esprit qui règne chez les joueuses. Récemment, Amélie Mauresmo a assisté à une réunion dont elle est ressortie agréablement surprise. Elle a trouvé les filles formidables dans leur esprit de solidarité. Je lui ai dit : « Méfie-toi, Amélie. Ça fait quinze ans que je vois cela, des filles apparemment soudées lors des réunions mais parfaitement capables de soutenir le contraire le lendemain. »

La plupart des filles sont sympas. Et peu sont vraiment âpres au gain pour elles-mêmes. Dans l'idéal, elles ont même envie que tout le monde vive bien. Seulement, elles se font souvent retourner par les agents.

Je sais de quoi je parle ! Peu de temps après cette histoire de procès, je me gare devant mon hôtel à New York, en provenance de Philadelphie. J'étais en train de sortir mes bagages de la voiture quand un homme s'approche de moi, avec dans ses bras un dossier épais comme un annuaire. Vous êtes bien Mlle Tauziat ?

« Oui, et vous, vous êtes qui ?

— Je suis le représentant des joueuses chargé de vous remettre ces documents. Vous êtes convoquée au Tribunal de New York. »

Je lui ai fait savoir que je n'aimerais pas faire son boulot. Pour toute réponse, il m'adressa un sourire très américain, genre : « Cause, toujours... »

Et là, en levant le nez, qui vois-je de l'autre côté de la rue ? Brenda Schultz qui surveillait le bon déroulement de l'opération ! Six mois plus tard, elle m'envoyait ses vœux ! Sa carte a atterri directement à la poubelle.

Cela dit, depuis ces trois ou quatre dernières années, des progrès ont quand même été accomplis. La condition des joueuses les plus modestes s'améliore manifestement. Nous sommes de plus en plus souvent consultées. Les joueuses s'émancipent un petit peu, bien que le pouvoir soit toujours détenu par les agents qui ont verrouillé l'ensemble du jeu en posant leur label sur de nombreux tournois, de nombreuses joueuses, et sur la WTA, même si le contrat qui les lie arrive à terme. La WTA essaie de nous faire croire que IMG-McCormack ne pratique pas une politique d'élite et de profit personnel et n'exerce aucun monopole. Je n'y crois pas. Je n'envisage pas de m'investir dans le tennis international parce que j'ai envie d'agir au niveau français, mais je pense qu'il faudra être extrêmement vigilant à l'avenir. La marche en avant ne s'effectue pas sans poser problème. Le dernier en date est particulièrement grave puisqu'il met en cause la santé des joueuses.

Pour ralentir le jeu des hommes, jugé trop rapide pour les télés et les spectateurs, notamment en « indoor », l'ATP a demandé aux fabricants de créer des balles plus lourdes. Conséquences, si nous utilisons nous aussi ces balles, notre jeu, qui avait atteint une vitesse idéale pour le spectacle, va subir un ralentissement préjudiciable, sans compter que de plus en plus de joueuses commencent à ressentir des douleurs à l'épaule et au bras. Existe-t-il dans le tennis féminin une voix suffisamment puissante pour s'élever et prévenir des dangers qui pèsent sur nous ? Et, si c'est le cas, les joueuses sauront-elles lui faire écho ? Je l'espère, mais je n'en suis malheureusement pas du tout convaincue.

19

Joue, mais tais-toi

Où il est question des blessures classiques du tennis. Du petit bobo qui sert d'alibi aux graves pathologies. Et comment j'ai réussi à trente-deux ans à jouer au plus haut niveau sans me blesser.

Récemment je regardais une émission spéciale de Stade 2 où parmi les invités est intervenue une jeune joueuse qui était supposée incarner l'avenir, un rêve grandeur nature. Je me suis dit en l'observant qu'en réalité elle vivait sous une menace permanente. Elle s'est engagée de son plein gré dans une lutte contre un chronomètre impitoyable, et sa vie dépendra du temps qu'elle aura laissé filer. Perdre un petit peu de temps n'est pas fatalement néfaste puisqu'une carrière s'enrichit des erreurs que l'on commet. Mais à trop vouloir se hâter il arrive aussi qu'on se retrouve hors jeu. Vous forcez, vous vous blessez, vous êtes impatiente de revenir, vous revenez trop tôt, vous re-forcez, vous vous re-blessez, etc. Cercle vicieux. Combien de joueuses se sont « cramées » à trop vouloir bien faire. Beaucoup trop de filles forcent. Pas Hingis, pas Davenport, pas moi non plus. Plus je vieillis, plus j'améliore ma technique, plus je joue relâchée, moins j'ai de chance de me blesser. Nous sommes beaucoup moins exposées que les sœurs Williams par exemple. Plus la technique est sommaire, plus l'engagement physique est féroce, et plus les souffrances sont palpables. C'est une question de compensation. Les coups des Williams sont hyperphysiques, saccadés, épuisants. Les ligaments des genoux de Serena sont sans arrêt sous haute tension, comme les poignets de Venus. Quand Serena est trop loin de la balle, elle la frappe quand même dans n'importe quelle position. Si elle n'améliore pas sa technique, et son petit jeu de jambes, ses genoux vont lâcher.

On a presque toutes en permanence un petit bobo quelque part, et si on ne le détecte pas dans son corps, c'est qu'il se trouve dans la tête.

Une des Françaises les plus connues fait partie des quatre joueuses sur dix qui souffrent en permanence de quelque chose ou de quelque part. Je l'ai charriée plus d'une fois à ce sujet, souvent j'ai eu envie de lui dire : « Si ton tendon est aussi fragile que tu le dis, alors arrête ! Ou alors joue, mais tais-toi ! » En 1999, quel feuilleton dans *L'Equipe* ! Un coup ça allait. Le lendemain : ça n'allait plus. Le surlendemain : léger mieux. Le quatrième : rechute ! ! ! Ça finissait par exaspérer tout le monde ! Un jour, elle arrive dans les vestiaires en boitant — elle ne pouvait plus marcher. Tout le monde était catastrophé pour elle. « C'est affreux ! dit-elle. Je me suis levée ce matin. Impossible de poser le pied par terre. Je ne sais pas si je vais pouvoir jouer aujourd'hui ! — Ah, bon, ma pauvre », etc. Finalement, elle y va, bat la numéro 2 mondiale en deux sets. Elle courait partout ! Avec Alex (ma partenaire de double), nous n'en croyions tellement pas nos yeux que nous nous sommes déplacées au bord du court pour vérifier que nous n'hallucinions pas. Elle grimpait au grillage ! Le lendemain, elle est arrivée toute fraîche et pimpante et elle a pris « 2 et 1 » (6-2, 6-1). On lui a dit : « Tu as raison, c'est quand même mieux quand tu as mal quelque part ! »

La blessure dans son cas — et elle est loin d'être la seule sur le circuit — tient lieu de compresse antistress. Etre blessée, ça déstresse. Vous assurez votre billet de sortie au cas où ça tournerait mal. Et si vous gagnez, qu'est-ce que vous avez comme mérite, n'est-ce pas ? A court

169

terme, le calcul n'est pas mauvais. A long terme, il devient pervers car vous n'apprenez pas à lutter contre votre stress. Vous vous débrouillez pour le camoufler, c'est beaucoup moins enrichissant pour votre tennis, et même pour votre vie future. Moi qui suis rarement blessée ou même diminuée, quand j'ai peur, j'ai peur ! Et quand je suis battue, je sais pourquoi ! Ce n'est pas moi qui encombre les officines de rebouteux. Quand je ressens une douleur, un coup de Synthol, une bonne vieille crème de grand-mère, et hop, le lendemain le mal a disparu !

Il y a peu de filles qui soient capables de reconnaître franchement leurs erreurs, capables de dire : « Bon, j'ai essayé, j'ai fait tout ce que j'ai pu, mais l'autre était plus forte que moi aujourd'hui. » C'est tellement plus rassurant de s'inventer une douleur. Cela dit, il n'y a pas que des douleurs psychosomatiques sur le circuit féminin. Le service notamment — et toujours en raison d'une technique approximative — fait des ravages chez les joueuses au niveau de l'épaule et aussi des abdominaux.

En dehors de la préparation technique, un travail physique s'impose si l'on veut rester au plus haut niveau. Personnellement, je m'échauffe quotidiennement, toute seule (Régis estime qu'une joueuse pro a des obligations journalières à gérer seule) dans une salle de gym. Ou bien je fais un petit footing d'une vingtaine de minutes dans la nature quand je le peux ou sur un tapis en salle ; ou bien encore dix minutes d'étirements. J'appelle cela un « réveil musculaire ». Ce travail matinal n'est pas aussi important que le souhaiterait Laurent Terrien, mon préparateur physique depuis cinq ans. Il est quand même supérieur à ce que la moyenne des filles font durant les périodes de compétition. Et quand je perds, je mets toujours les bouchées doubles. Pas pour me punir, mais parce que, je le répète, travailler est encore le meilleur moyen que je connaisse pour me remonter le moral.

Je travaille beaucoup plus dur en novembre-décembre à Biarritz

J'avoue que sui les ournois l'*interval training* (séries

170

de 100 ou 200 mètres) me barbe. Je ne le fais jamais. En revanche, j'accepte de faire un peu de « pliométrie ».

Le travail de fond que j'ai attaqué en 1995 était destiné à me donner les moyens de pratiquer le tennis d'attaque dont je rêvais. Je savais que c'était indispensable, sans être forcément prioritaire. Ni Régis ni moi ne vivons vraiment dans le culte du physique à l'image des sœurs Williams, par exemple. Nous pensons que le tennis est un sport qui fait l'amalgame entre plusieurs qualités dont le physique fait partie, au même titre que l'intelligence. Et j'ai vraiment dû faire un effort pour intégrer le physique dans mon programme, car contrairement aux Miss bodybuildées, faire des abdos ou des étirements était pour moi une vraie corvée. Ça l'est moins aujourd'hui parce que je me rends compte que cela m'est utile et que je le fais avec infiniment plus de facilité qu'il y a cinq ans. Et heureusement, mes besoins ne sont pas excessifs. Par exemple, au niveau du bras, un bon relâchement — à condition d'être idéalement placée sur le court — vous permet de faire avancer plus vite une balle plus lourde que si vous tentez de la taper de toutes vos forces. Quand vous avez compris cela, le travail physique lié au tennis devient déjà plus humain.

Je ne travaille jamais à 150 % de mes moyens. Je connais mes limites et, sans trop l'avouer à Laurent, mon préparateur physique, j'en garde toujours un petit peu sous le pied. Disons que je suis à 100 % d'un niveau que Laurent me croit pourtant capable d'élever encore un peu. Mais, à mon âge, je ne me sens pas le courage de changer mon comportement en ce qui concerne le physique et surtout la diététique.

Si j'acceptais d'aller à fond, je devrais m'occuper de ma fameuse « masse grasse » parfaitement inutile pour jouer au tennis et dont Laurent est l'ennemi acharné. Quand il dit de moi que je grossis dès que je regarde un gâteau dans la vitrine d'une pâtisserie, il met le doigt juste là où ça fait mal. Si j'avais eu conscience de l'importance de la diététique dès mon plus jeune âge, je me serais peut-être habituée à un régime strict. Mais aujourd'hui mon secret réside dans un équilibre entre la vie d'athlète de haut niveau et la vie normale. Détruire cet équilibre au profit d'une discipline de fer m'apporterait plus de désagréments que d'avantages. Je marche au moral. Je peux être très bien physiquement et tennistiquement, mais, si je ne suis pas joyeuse, mes coups n'ont aucun ressort !

En hiver, je fais un travail sérieux et astreignant dans le but d'améliorer force, vitesse, déplacement et récupération. Le reste de l'année, je m'entretiens gentiment, ce qui me permet de tenir des séries d'une vingtaine de matches à la file sans problèmes. Je n'ai rien à envier à personne. L'anticipation, la finesse du jeu, le timing, font souvent plus que force et que rage. Mes principales qualités sont l'endurance et ma capacité à récupérer très rapidement. Je me connais bien, je sais ce qu'il faut faire pour être au top. Et quand je ne le fais pas, je sais parfaitement où situer l'erreur !

Même s'il me pousse, Laurent (qui m'accompagne sur certains tournois) estime que si on peut espérer s'améliorer beaucoup physiquement à vingt ans, à trente ans l'objectif est surtout de se maintenir. Il ne fait pas travailler Anne-Gaëlle et moi avec la même intensité. Mais sur le court, je ne suis jamais crevée. Chaque échange me demande quatre ou cinq coups, jamais plus. En vitesse pure, je ne suis pas mauvaise. Sur 100 mètres, je me ferais battre par la plupart des jeunes du circuit, mais, grâce à mon démarrage, je fais partie de celles qui arrivent le plus vite sur une balle courte. N'est-ce pas plus utile que de courir le 100 mètres en moins de 12 secondes ? Et tout cela avec pour seul produit « dopant » un petit verre de Coca-Cola de temps en temps. Preuve qu'il n'est pas nécessaire de se doper pour bien jouer, même si, malheureusement, je pense que le dopage fait partie de l'univers secret du tennis féminin.

20

Dopage. L'air du soupçon

Mon opinion est que le tennis qui véhicule des wagons de dollars ne peut en aucun cas prétendre échapper au fléau du dopage. Pour l'heure, la politique de l'autruche semble être privilégiée. Mais en persévérant dans l'immobilisme et le silence, la WTA ne progresse pas dans l'intérêt des générations futures.

Je ne pense pas que le tennis féminin soit à l'abri du fléau qui, aujourd'hui, a envahi tous les sports et plus particulièrement les sports professionnels où l'argent et la médiatisation à l'excès sont devenus les règles de fonctionnement. Je parle de la drogue et de toutes les façons médicales pas très catholiques d'améliorer la performance. Pendant vingt-cinq semaines dans l'année, je vis au contact direct de beaucoup de joueuses et de leurs entourages, sur les courts, aux vestiaires, en salle de soins des « kinés », aux restaurants, aux salons de repos. Je vois et j'entends beaucoup de choses qui, si elles n'apportent pas de preuves, ont forgé ma conviction personnelle qu'il y a dans le tennis féminin des transformations physiques importantes et rapides, des comportements étranges et incompréhensibles, des blessures trop nombreuses chez des joueuses de plus en plus jeunes, des carrières qui s'arrêtent parfois très tôt et sur blessures répétitives, des disparitions périodiques inexplicables, toutes choses qui ne sont pas le seul fait de problèmes naturels.

En 1989, mon entraîneur, Régis de Camaret, avait constaté que j'avais en moyenne 60 % des points où je touchais six fois ou plus la balle, que l'amplitude de mes déplacements était trop importante car je jouais deux mètres derrière la ligne de fond et que le rendement de ma frappe était dans tous les coups trop mauvais à cause de préparations inadaptées et de mauvais rythmes, en résumé, que je dépensais trop d'énergie pour rien, que j'avais un très mauvais rendement. J'avais deux solutions. Une première que me proposaient les sirènes de spécialistes de la préparation physique qui voulait me faire croire qu'ils pouvaient multiplier mon rendement par dix grâce à une totale adhérence à leur fonctionnement. Une deuxième que me proposait mon entraîneur et qui allait dans le sens du tennis auquel je rêvais, jouer un maximum de points en deux ou trois coups avec un minimum de déplacement en restant dans le court et en allant vers le filet, faire un gros travail technique pour améliorer la puissance de ma frappe dans tous les coups grâce au travail du relâchement et du rythme. Cette solution me plaisait car je pensais que j'étais loin de mon maximum technique et j'avais l'entraîneur pour le faire. Cela ne m'empêchait pas d'améliorer mon physique, mais sans prendre le risque d'exploser de partout et de rejoindre les retraités précoces. Je n'ai jamais eu à regretter ce choix. Depuis quelques années, en retrouvant en début de saison les championnats d'Australie à la télévision, j'ai pu remarquer des changements évidents chez certaines joueuses après une trêve de deux mois seulement. Des changements pas forcément durables d'ailleurs. Parfois, dès l'été suivant, les filles avaient retrouvé des proportions plus normales. Mais je constate à intervalle régulier ces transformations chez certaines athlètes, et cela mérite qu'on se pose quelques questions. Des questions, évidemment, sans réponse. Ça fait six ans que je travaille mon physique avec sérieux et assiduité. Je n'ai subi aucune métamorphose visible. Ma musculature me permet une meilleure pratique du jeu vers l'avant, et cela atteste de l'efficacité de mon travail, mais esthétiquement je n'ai pas bougé. Au niveau de la récupération, je suis également stupéfaite de voir, lorsque je finis un match sur les rotules, que d'autres se portent comme des charmes alors qu'elles ont fourni une débauche d'énergie souvent plus importante.

Je pense que certains produits ou traitements peuvent être utilisés aujourd'hui dans le tennis pour améliorer la résistance et la débauche physique, et qu'ils pourraient être la réponse à beaucoup de questions que je me pose. Je constate simplement que, d'évidence, certains corps se sont transformés ou se transforment dans des proportions qui vont au-delà des normes observées chez une joueuse lambda qui pratique régulièrement la musculation. Cela dit, il suffit d'entrer dans n'importe quel drugstore ou boutique de vitamines et de tendre les bras pour se procurer cinq kilos de créatine (pure ou mélangée ?) ou d'autres produits autorisés qui facilitent la prise importante de volume musculaire ou une récupération plus facile avec plus de résistance à l'effort. Il est par conséquent normal de retrouver sur le circuit des utilisatrices de ce type de produits.

Ce qui m'inquiète actuellement, c'est que personne ne dit ce qu'est vraiment la créatine. Un produit qui agit par lui-même ? Qui sert d'écran de fumée ou qui augmente l'efficacité d'autres produits ? Est-il dangereux ou non pour la santé ? Sous prétexte qu'on n'a pas découvert d'effets néfastes immédiats, on le considère comme inoffensif. Quand une joueuse déclare publiquement qu'elle prend de la créatine et qu'ensuite elle est choquée qu'on puisse la regarder de travers, on peut lui donner raison car ce qu'elle prend n'est pas interdit.

Cependant, je ne raisonne pas comme elle. Ce n'est pas une question de légalité ou de légitimité, c'est une question de comportement vis-à-vis de son sport. Dès lors qu'on prend des produits qui favorisent des qualités qu'on ne peut pas développer naturellement, pour moi, on triche avec soi-même. C'est un premier point. Deuxième point, tout le monde sait que la créatine est un produit masquant et que, par voie de conséquence, celui qui l'utilise attire forcément le doute et la suspicion. Le meilleur moyen de ne pas être soupçonnée n'est-il pas de ne pas en prendre ? Enfin, troisième point, je le répète, nul ne sait quelles conséquences ce type de produit aura à terme sur les organismes, féminins de surcroît, et je trouve absolument incroyable qu'on puisse hypothéquer ainsi son avenir. Une carrière, c'est quinze ans à peine. Une vie c'est trois ou quatre fois plus.

Quelle folie d'exposer son corps au danger pour gagner quelques matches de plus !

Sur le terrain, le fait que des joueuses aient recours à des produits « dopants » autorisés ou non ne me dérange pas. Quand je joue, même si je perds, il ne me viendra jamais à l'idée de penser que j'ai perdu « parce que » mon adversaire était dopée.

Si j'ai des doutes sur certaines filles, je ne vais pas non plus regarder le classement par gains et me dire : unetelle ou une autre a volé son argent. Il faut aux joueuses de tennis, aussi « chargées » soient-elles, des qualités qu'on ne trouve pas au fond d'un pot fût-il rempli de je ne sais quel produit. Une bonne stratégie, un moral de gagnante, un programme bien dosé, ça ne s'achète pas dans une grande surface. Quand une fille « louche » me met un « cachou » à 200 à l'heure, je me dis qu'elle aurait fait le point dans les mêmes circonstances sans jouer à 200 à l'heure ! Mon unique recours c'est d'arriver à maîtriser cette puissance et à la retourner à l'envoyeuse. Techniquement, c'est possible — je l'ai prouvé —, et c'est pour cela que le dopage n'est pas une évidence dans le tennis, et cela pour beaucoup de motifs, contrairement à d'autres sports où seules comptent la force pure et la vitesse.

Face à une avalanche de « Scuds » dévastateurs, je peux toujours dénicher une belle volée, un ace, une amortie, un retour dans un angle pour soutenir l'assaut.

Je peux couper les trajectoires. J'ai encore des armes à

ma disposition, même si la fille est bourrée de produits dopants jusqu'aux oreilles. La seule vraie triche se situe au niveau de la récupération. Mais, là encore, on a la possibilité de rivaliser avec des moyens naturels, même si c'est plus dur. On est encore très, très loin dans le tennis féminin des pratiques dénoncées par Willy Voet dans son livre sur le cyclisme que j'ai dévoré avec effroi.

Les joueuses de tennis dopées ne sont pas imbattables. Si elles se dopent, c'est pour masquer un manque. Et, dans le fond, c'est plutôt rassurant. Rassurant pour tout le monde, sauf pour elles. Pourquoi se dopent-elles alors ? Elles croient sans doute avoir atteint leurs limites et cherchent à l'extérieur ce qu'elles ne possèdent pas ou ne parviennent pas à trouver en elles. Il n'y a pas, Dieu merci, de tennis a deux vitesses avec d'un côté les femmes bioniques et de l'autre les « normales ». Bien sûr, quand on voit la morphologie de quelques joueuses, on est obligé de constater qu'on a affaire à des « monstres physiques », mais rien ne prouve qu'elles se dopent. On peut le penser, mais, entre fantasme et réalité, il est très difficile de faire la part des choses. D'où la nécessité d'augmenter le nombre et la qualité des contrôles qui sont insuffisants.

Certaines filles sont devenues beaucoup plus imposantes au fil de ces dernières années, passant de la taille mannequin au modèle lanceuses de marteau ou presque. Mais ont-elles pour autant fait des progrès fulgurants et dominent-elles tout le monde ? Non, la preuve, c'est que Martina Hingis ou Lindsay Davenport sont alternativement numéro 1 mondiales. Au-dessus de tout soupçon, ces joueuses ont gardé des proportions de femmes classiques. Lindsay est costaude, bien sûr, mais pas « monstrueuse ».

Cela dit, les athlètes américains sont de plus en plus nombreux à se transformer impunément sans s'interroger sur les conséquences. Beaucoup ont désormais intégré dans leur culture la prise de certains produits et ne comprennent pas les réticences qu'ils font naître en Europe. Ils nous trouvent hypocrites ou retardés. Personnellement, si je critique leur manière d'agir, c'est surtout au niveau de la prévention de la santé que je me place.

Je n'ai pas vis-à-vis des sportifs dopés de rancœur, de jalousie, ou autre grief. Au contraire, j'éprouve de la compassion à leur égard. J'ai peur pour leur vie, leur santé. Alors qu'ils ne sont, à mon avis, pas coupables. Plutôt pris au piège de tout un système. Tous n'ont pas leur libre arbitre. J'estime que la plupart des joueuses de tennis qui se dopent, au même titre que de nombreux athlètes qui ont tous eu l'air de tomber des nues lorsque ils se sont fait prendre à la Nandrolone, ne sont pas des « salauds ». Pour expliquer cette épidémie, on parle de plus en plus de créatine et autres « compléments alimentaires » chargés à la Nandrolone afin d'en augmenter les effets dans un contexte de concurrence commerciale sauvage. L'hypothèse me paraît tout à fait plausible. Aujourd'hui, l'athlète est devenu un cobaye pour les grandes firmes, les médecins véreux et les trafiquants. Il y a un tas d'or à se partager, et tous les requins tournent autour. Et la santé des athlètes, dans ce marché-là, a vite fait d'être passée par pertes et profits.

L'athlète est un « obsédé » pour lequel compte seulement le dépassement de soi et la victoire au bout du combat. Ce qu'il veut, c'est péter le feu ! Servir une pluie d'aces ! Marquer quatre buts ! Franchir six mètres !

S'il est un peu naïf, et si quelqu'un de son entourage lui dit : « Prends ça, les autres en prennent tous, et si tu ne le fais pas, tu n'y arriveras jamais », il peut ingurgiter n'importe quoi en confiance. Il recherche la sensation immédiate, la récompense instantanée de tous ses sacrifices. La fin du doute et la reconnaissance publique de son talent. Moi je crois que certains produits, y compris ceux qui figurent dans la liste des produits autorisés, sont dangereux. Je ne vais pas tenter le coup. Mais une petite jeune, mal entourée, mal conseillée... Je suis persuadée que le jour où les trafiquants seront vraiment poursuivis, le dopage marquera un sérieux coup d'arrêt.

Je pense qu'il faut absolument tenir à distance toute

forme nouvelle de médicalisation du sport. Voilà pourquoi je suis terriblement irritée par l'idée qui fait son chemin de reconsidérer la liste des produits autorisés, de façon à laisser circuler certains produits de récupération au motif que les cadences sont devenues infernales. Et d'autant plus que ce type d'arguments sont souvent véhiculés par ceux-là mêmes qui poussent à la cadence. Je m'y oppose formellement.

Car s'organiser un programme cohérent, savoir renoncer à courir le cachet, arriver au sommet de son art au moment des compétitions importantes quitte à en sacrifier de moins prestigieuses, tout cela fait partie de la stratégie d'un champion.

Si tout le monde pouvait être en forme tout le temps, partout, le sport deviendrait vite extrêmement ennuyeux.

Etre en bonne santé, ne pas se blesser, faire les bons choix, dégager des priorités, c'est à cela qu'on reconnaît les meilleurs dans chaque discipline ! Remettre cet aspect en question en uniformisant artificiellement la préparation est une pure folie. D'autant que l'effet le plus pervers du dopage c'est de permettre aux athlètes de supporter de telles doses d'entraînement qu'ils finissent par faire craquer leur maillon faible. C'est ainsi qu'on peut reconnaître les filles qui ont recours à des produits dopants. Un muscle bien gros, un tendon qui pète, vous êtes en droit de vous interroger à son sujet.

Toute absence prolongée du circuit est louche. Soit il s'agit d'une vraie blessure, mais dont l'origine peut être une surcharge anormale de travail, soit l'éclipse est due à une sanction secrète. Je connais au moins une joueuse à qui c'est arrivé. Il s'agit d'une fille qui fait des ravages quand elle est hypercostaude. Mais dès qu'elle retrouve une ligne plus svelte, elle ne gagne plus un match. Et puis, de temps en temps, plouf, elle disparaît carrément. Punie ou en traitement spécial ? Je l'ignore, mais j'ai des doutes gros comme ses mollets...

D'une manière générale, je trouve que ni la WTA, ni l'ATP Tour, ni la FIT (Fédération internationale de Tennis) ne luttent efficacement contre le dopage. L'affaire

Korda a été ridicule sur le plan de l'exemplarité. Parce que, en définitive, on ne sait pas ce qui s'est réellement passé. Il a gagné l'Australian Open mais s'est fait contrôler positif à la Nandrolone à Wimbledon. De vices de procédure en commission contestée, de sanctions incertaines en molle manifestation à son encontre de la part des autres joueurs, on conserve de l'affaire une impression d'amateurisme complet dans un domaine pourtant clé de l'organisation d'un sport qui se veut aussi pro que le tennis. Finalement, Korda a quitté le circuit par la petite porte sans qu'on sache s'il était coupable ou victime. Un sport qui ne lutte pas efficacement contre le dopage s'expose à long terme à de graves retours de bâton.

Lorsque j'ai rencontré Marie-George Buffet, ministre des Sports, fin 1999 à Nice, à l'occasion de la finale de la Coupe Davis, je n'ai pu m'empêcher de lui témoigner toute mon admiration. Elle s'attaque avec vaillance à un monde très difficile dont les acteurs sont suffisamment armés pour la conduire à l'échec. Elle le sait, mais n'en tient pas compte. Le peu de marge de manœuvre dont elle dispose, elle l'utilise. A coup sûr, elle laissera son empreinte dans un univers où les tricheurs progressent pourtant plus vite que les justiciers. Encore une fois, les mentalités qui prévalent aux Etats-Unis en matière de préparation m'inquiètent, et j'ai du mal à imaginer comment notre ministre des Sports pourra s'attaquer directement au phénomène. Pour elle, un seul recours, c'est le CIO, mais le sport est un tel business aux Etats-Unis que je me demande sur quelles forces les bonnes volontés européennes vont pouvoir s'appuyer ! Marie-George Buffet est bien esseulée. Elle me donne envie de l'épauler dans la mesure de mes moyens. De l'aider en militant pour multiplier et affiner les tests, rendre les résultats publics, développer les contrôles longitudinaux, banaliser les prises de sang régulières pour tous les athlètes, y compris à l'entraînement, etc. Arrêter de se retrancher derrière d'innocentes fioles de pipi qui cachent une réalité bien plus grave que les quelques cas qu'elles révèlent.

J'ai fait un premier pas vers l'association fondée par Odile Lesage, la compagne de Stéphane Diagana, mais pour l'instant je préfère rester sur ma réserve. J'ai besoin de savoir si je suis prête à m'engager encore dans une lutte difficile. Savoir si j'ai vraiment envie de me faire de nouveaux ennemis. Certes, être sportive de haut niveau exige un certain sens du devoir. J'ai toujours estimé que je devais représenter une valeur d'exemple, même si je suis consciente qu'après quinze années de carrière je suis pourtant moins célèbre aujourd'hui qu'Amélie Mauresmo à vingt ans ! Mais, qu'on le veuille ou non, les gens nous observent, et nous leur devons de nous engager franchement plutôt que de donner une image fuyante. Le sport a fait de moi un personnage public qui a des responsabilités à assumer. Ce n'est pas un poids, car j'aime mon image et je n'ai pas de mal à lui être fidèle. Si j'inspire certains jeunes, j'en suis fière, mais rien que pour cela je ne pourrais pas m'engager à la légère pour défendre une cause. En ce qui concerne la lutte antidopage, je suis attentive, intéressée, mais j'ai encore besoin d'acquérir des connaissances et de réfléchir sur mon implication dans une telle action avant de me lancer à fond.

21

Présidente. Pourquoi pas ?

Pour avoir souffert personnellement du système fédéral, et avoir observé les carences de la FFT qui n'est pas du tout partie prenante dans le succès des cinq Françaises classées dans le Top Ten, j'ai un certain nombre de propositions à faire pour l'avenir du tennis en France.

Depuis que nous sommes quatre Françaises dans le Top Ten : Mary Pierce, Julie Halard, Sandrine Testud et moi-même — je pense que nous serons cinq, avec Amélie Mauresmo, d'ici la fin de l'année 2000 —, beaucoup de gens, à l'étranger, s'interrogent sur le *french phenomenon*. Comment avons-nous obtenu cette consécration toutes ensemble, et pourquoi sur le tard pour trois d'entre nous ? Si l'on calcule notre moyenne d'âge, nous obtenons vingt-huit ans huit mois pour les quatre actuellement classées dans le Top Ten, contre vingt-deux ans pour les six autres : Hingis, Davenport, les Williams, Kournikova...

La question est délicate et les réponses aléatoires car il s'agit d'histoires individuelles qui ont bénéficié d'un heureux concours de circonstances.

En ce qui me concerne, j'ai l'impression d'avoir échappé juste à temps aux derniers bastions du machisme français. J'étais encore jeune quand les femmes elles-mêmes ont pris conscience de leur potentiel et manifesté un désir d'épanouissement personnel à travers une réussite sociale. J'ai l'impression d'être passée d'une génération à l'autre, d'un monde à l'autre entre deux portes, à la lutte entre les réflexes conditionnés de la gamine que j'avais été : « Sois sage, modeste, tiens-toi à ta place », et les encouragements de cette femme que j'ai toujours voulu être : « Réalise-toi, éclate-toi, prouve-leur que tu es quelqu'un. » Aujourd'hui, quand j'entends des hommes, notamment des pères divorcés, se plaindre de l'attitude de certaines femmes et de leur émancipation, même si je trouve que certaines vont parfois trop loin, j'ai envie de dire à ces messieurs : « Attendez, si vous saviez d'où on vient ! »

Mûrir n'a pas été facile car, ayant démarré plus tard, j'aurais pu m'impatienter et renoncer, ou bien brûler les étapes et m'autodétuire. Vivre si vite que je n'aurais pas eu le temps de ramasser sur la route les bagages nécessaires à la lutte très subtile qu'on se livre au plus niveau. Heureusement, cela n'a pas été le cas.

Nous, les Françaises, avons fait jouer l'émulation à plein. A partir du moment où nous nous sommes mises à rêver de Fed Cup et où nous avons gagné avec Yannick Noah comme capitaine, nous avons mis tout en œuvre pour pouvoir regoûter à ça. C'est en fait le seul lien qui nous unit aujourd'hui les unes aux autres, car, en dehors de ce contexte, nous sommes hyperindividualistes.

Chacune a fait son chemin d'une manière totalement atypique. Mary Pierce est tombée du ciel de Floride, où elle est retournée. Personnellement, je n'ai jamais fait partie des structures fédérales. Julie Halard-Decugis a passé beaucoup plus de temps à l'extérieur de la structure FFT qu'à l'intérieur et doit presque tout à son mari, Arnaud Decugis. Sandrine Testud doit aussi tout à son mari, Vittorio Magnelli, même si elle a bénéficié d'une base solide à la Fédération jusqu'à dix-huit ans. C'est quand elle est a quitté le giron fédéral qu'elle a changé de dimension. De même pour Amélie Mauresmo qui a claqué la porte à dix-sept ans, pour se révéler deux ans plus tard. Cela dit, peut-être que le rôle d'une fédération est simplement d'amener des jeunes sur une rampe de lancement d'où elles s'envoleront de leurs propres ailes. Mais alors, que les responsables l'annoncent franchement. Car moi, ce que je crois, c'est qu'ils ne se sont jamais donné les moyens d'aller voir ce qui se passe tout en haut de l'échelle. Parce qu'ils sont limités sur le plan technique et manquent de foi, les entraîneurs nationaux n'ont pas la capacité à produire des championnes « maison ». A la manière dont ils considéraient les jeunes joueuses et vu ce qu'ils leur apprenaient, j'ai toujours été convaincue qu'il n'y croyaient pas eux-mêmes. Comment voulez-vous réussir quand vous constatez dans le regard de votre coach qu'il ne croit pas en vous ? En ce qui me concerne, c'était le contraire qui se produisait. Quand je doutais, que je ne croyais plus en moi, je voyais briller dans les yeux de Régis la flamme qui chancelait en moi. Vu de la Fédé, il existait un fossé terrible entre le bon petit milieu sympa où on jouait un « gentil » petit tennis, et puis le Top Ten, le vrai monde, celui de Graf et Seles. A croire qu'il n'y avait pas de chemin pour y aller. Et cependant, j'y croyais, je voulais le trouver. Mary, Julie, Sandrine, Amélie y sont aussi.

Maintenant que nous avons ouvert la voie, qui l'empruntera après nous ? Les candidates sont rares. Il y a Anne-Gaëlle Sidot, un bras extraordinaire, Nathalie Dechy, un fort potentiel, et Virginie Razzano, dix-sept ans, un beau tennis. En dehors du système classique, je ne sais pas ce qui se passe. Il y a de plus en plus de privés qui montent des structures comme la mienne : Demongeot, Bob Brett... Je trouve cela très bien et j'aimerais que la Fédération puisse favoriser ces initiatives. Pourquoi ces structures ne deviendraient-elles pas des centres d'entraînement agréés par la FFT ? Un label que celle-ci pourrait attribuer et retirer en fonction d'un cahier des charges et d'objectifs à respecter. Cela créerait une véritable émulation entre les centres d'entraînement (clubs compris) et permettrait aux joueurs et joueuses de s'épanouir là où elles se sentent le mieux.

J'espère que nos succès vont cesser d'étonner ces messieurs de la Fédé. Au lieu de penser que nous avons toutes eu de la chance, ils pourraient s'intéresser aux raisons de ces succès. Je suis pour le moins surprise par le fait qu'en dix ans de carrière aucun membre de la Fédération ne se soit penché sur mon cas. Personne n'est jamais venu à Biarritz voir comment je travaillais. Personne n'a jamais demandé à Régis quelle était sa méthode pour obtenir de moi un tel relâchement du bras qui, je le répète, est la seule réponse possible à la débauche de puissance développée par le tennis moderne. Personne n'a demandé à Laurent Terrien, mon préparateur physique, comment je travaillais pour galoper comme je galope à trente-deux ans, sans pratiquement jamais me blesser. Personne, enfin — et cela me fait encore plus enrager peut-être — n'est venu aux Masters à New York fin 1999. Nous étions cinq Françaises à nous battre parmi les seize meilleures joueuses du monde. A la Fédération, ils disent qu'ils ne voulaient pas venir pour faire de la figuration, étant donné que nous avons toutes nos coaches privés. Mais ce n'est pas cela que je déplore. Je regrette leur manque de curiosité à l'égard de ce qui se passe dans le haut niveau. J'ai trente-deux ans, je suis totalement immergée dans cette sphère et je passe néanmoins mon temps à observer : comment Hingis travaille-t-elle son service ? Comment les sœurs Williams travaillent-elles leur physique ? Comment Davenport s'échauffe-t-elle ? Que dit Van Harpen à Kournikova ? Au lieu d'aller piquer aux autres ce qu'ils ont de meilleur (ce que nous passons toutes notre temps à faire), on a l'impression qu'ils s'en fichent. Je me demande avec quoi ils poussent leurs recrues vers le haut ! On croirait être retourné vingt ans en arrière quand Chris Evert dominait le tennis et que la première Française était Brigitte Simon. Il n'y avait aucune connexion entre elles. Mais, à présent, il suffit de pousser la porte pour voir. Bavarder avec nous pour savoir.

Si aucun ne vient à moi, moi j'irai à eux, dès que j'aurai terminé ma carrière. A ceux qui se moquaient de moi parce que je frappais mon coup droit « bras tendu » et non pas « bras fléchi » ainsi qu'on l'enseigne chez eux. Quand il recherche le relâchement, le bras automatiquement se détend comme un morceau de caoutchouc, il ne se crispe pas, ne se plie pas. J'aurais aimé en discuter, ça n'a jamais été possible. Les entraîneurs fédéraux ne comprenaient pas, mais, surtout, ne voulaient pas comprendre. Plus tard, j'espère qu'on m'écoutera. Certes, je comprends leurs réticences à reconnaître notre mérite car il stigmatise leurs erreurs, mais l'heure n'est plus à la guéguerre.

Je trouve tellement dommage que toutes ces connaissances que nous avons acquises restent un bien enfermé dans nos mémoires. Mon expérience pourrait faire gagner tant de temps aux jeunes joueuses. Il y aurait si peu à faire pour provoquer un effet ressort à mes succès, et ceux des autres Françaises, pour enclencher une véritable dynamique. Mais le problème, c'est la mentalité de la plupart des entraîneurs nationaux. Ils sont du genre : « On sait tout. On n'a rien à apprendre de personne. On ne prend pas de risques, on fait son petit boulot, bien pépère, et le soir on rentre à la maison. » Bien sûr qu'ils disent aux filles « allez de l'avant », et ça leur donne bonne conscience ! Mais que sont les mots sans les moyens ?

Quand une joueuse les accuse de l'avoir maintenue dans un schéma de jeu de fond court, ils s'insurgent. Exigent des droits de réponse. Mais donner à une fille les moyens de prendre la balle très tôt comme pratiquement toutes les joueuses le font depuis cinq ans, et même de monter finir les points au filet, c'est un boulot de titan, un projet ambitieux qui se bâtit jour après jour, horriblement frustrant et décourageant. Ça m'a pris des années pour obtenir un semblant d'automatisme dans ce domaine ! Et, aujourd'hui, quand la balle arrive, fulgurante, sur moi, je ne panique plus. Je réponds, et dès que je peux, j'attaque. C'est techniquement et mentalement très difficile à obtenir, et je crains qu'à la Fédération ils ne sous-estiment l'ampleur de ce travail.

Tout en nous, Français, s'oppose à la prise de risques.

Notre éducation, notre mentalité, la rivalité qui pèse déjà sur les jeunes espoirs, notre sacro-saint classement, nos petits avantages nous donnent froid aux yeux. C'est instinctif, on cherche à se protéger, on a peur de s'exposer, peur de dire à l'autre : c'est moi qui rentre dans le terrain la première et qui te dis tu n'as qu'à bien te tenir. Quand j'ai affronté Serena Williams en finale de l'Open Gaz de France, mon coach m'a dit : « Nat, tu vois, le court à l'intérieur des lignes, il est rouge. Si tu veux gagner, tu rentres dans le rouge, et tu n'en sors pas car sinon tu regarderas passer les balles. » Il en faut de l'audace pour y rentrer, dans le terrain, contre une fille de ce calibre-là. Parce que si vous doutez un tant soit peu, vous êtes massacrée. C'est tout l'un ou tout l'autre. Ça passe ou ça casse. Ou vous la battez ou elle vous ridiculise devant toute la France ! Moi, si j'étais coach d'une petite jeune, je lui expliquerais tout ça.

Actuellement, les jeunes ne vont pas assez de l'avant parce qu'elles redoutent la défaite. Elles préfèrent assurer du fond parce qu'une défaite c'est un critère de nonsélection dans le système actuel. Quand une gamine perd un match pour avoir été trop gourmande, elle prend le risque d'être écartée de sa filière (gratuite), de contraindre ses parents à la prendre en charge, ce qui n'est pas à la portée de tout le monde. Elle a peur de perdre ses petits contrats : trois raquettes, cinq cordages et deux malheureuses robes. Peur de perdre sa suprématie dans sa catégorie d'âge, son statut dérisoire de vedette. Mais pour cinquante petits prodiges, combien de champions ? Il faut à tout prix, dès le plus jeune âge, cesser de mettre des étiquettes sur les enfants : numéro 1, numéro 2, numéro 3... Toi tu es le meilleur, toi tu es trop ceci ou trop cela. Dans notre centre d'entraînement, au Gaillou, à Capbreton, Régis et moi nous occupons beaucoup plus de l'attitude des gamins et de leur désir de progresser que de leur classement. Une année, il a fallu que je me bagarre pour faire qu'un de nos joueurs, jugé « pas bon », obtienne une bourse. L'année suivante la Ligue me faisait moult compliments sur lui. Or, c'était bien le même, avec le même potentiel. Simplement, il avait eu un an pour s'améliorer techniquement. Pour ce qui est des bons jeunes joueurs du club, Régis a un principe très simple : les gosses paient leurs leçons, et, quand ils s'appliquent tout particulièrement, ils obtiennent des leçons gratuites. A la fin, les mômes sont comme fous afin d'obtenir le maximum de leçons gratuites. S'y ajoute un sentiment de récompense. Evidemment, pour instaurer un tel système, il ne faut pas compter son temps.

Je regrette que la politique fédérale d'il y a vingt ans ait abouti à un affaiblissement des clubs. Avec les centres de Ligue et l'opération 5 000 courts[1], les gens ont déserté les clubs traditionnels, et les jeunes espoirs ont été trop tôt déracinés. Beaucoup de « petits » entraîneurs, dépossédés de leurs véritables fonctions, ont perdu la foi. Dès qu'ils découvrent un enfant un peu doué, ils s'investissent, mais l'enfant est envoyé dans la fameuse « filière fédérale » où il sera réceptionné — si il passe toutes les barrières de sélection — par des entraîneurs qui n'auront pas toujours les capacités ou une ambition à la mesure de son talent.

Je ne suis pas pour la parité à tout prix. Mais vous pourriez vous-même constater qu'à la Fédération il y a infiniment plus de femmes dans les placards que sur les courts. Pourquoi ? Les responsables vous diront sans doute qu'elles ne sont pas aussi bonnes que les hommes recrutés : « Sans quoi, vous pensez bien... » Je suis certaine que c'est parce que les places de coaches de joueuses sont occupées par des entraîneurs masculins dont les joueurs en activité ne veulent plus. A la Fédé, le statut d'entraîneur féminin n'est pas une panacée, loin de là ! Passer des garçons aux filles, c'est déchoir. Mais ça vous garantit quand même une place dans la « famille du tennis », un salaire honnête, frais de dépla-

1. Cette opération a été lancée dans les années 80 afin de permettre la multiplication des courts de tennis isolés en France. Malheureusement elle a nui au bon fonctionnement des clubs

cements compris, et une retraite assurée. Ils n'ont pas d'obligation de résultats. Si aucune de leurs joueuses ne sort, on dit qu'elles ont mauvais caractère, ou bien qu'elles sont tout le temps blessées, ou nulles. Et alors on leur en « livre une autre fournée ». Je sais bien qu'en lisant ces lignes nombre de membres de la Fédération vont m'accuser d'être aigrie ou revancharde. A ceux-là je répondrai que je me tiens à leur disposition pour développer et prouver le bien-fondé de ce que j'avance.

Outre un livre de technique que je compte faire, je voudrais me pencher sur l'enseignement et sur la vie des clubs à la base. En ce qui concerne l'élite, j'accepterais un poste de capitaine de Fed Cup si les joueuses me le demandaient et si Guy Forget souhaitait céder sa place. J'aimerais également donner des conseils aux joueuses pro qui débutent et m'investir comme directrice d'un tournoi féminin en France.

Dans un premier temps, mon poste d'intervention devrait se limiter à un siège de membre du comité directeur de la FFT dont le président est Christian Bimes. Mes intentions paraîtront peut-être démesurées à certains. Pas à moi. J'ai acquis depuis mon plus jeune âge et tout au long de ma carrière une rigueur et une capacité de travail qui me donnent confiance. Quand je suis passionnée je peux soulever des montagnes. J'espère que la Fédération saura utiliser mes compétences et ma foi De là à envisager de devenir un jour présidente de la Fédération à mon tour, il y a un pas que je n'envisage pas de franchir... pour l'instant, car j'ai encore beaucoup à apprendre. Plus tard peut-être, si ma vie privée me le permet, pourquoi pas ? Je ne me fixe aucune limite dans la mesure où tous les rouages du tennis m'intéressent. Mais je peux vous affirmer que le jour où une fédération sportive importante aura à sa tête une femme, c'est toute la société française qui aura complètement changé de mentalité. A mon avis, cette femme aura eu, pour obtenir ce poste, infiniment plus à prouver sa valeur qu'un homme aux compétences équivalentes. Ce défi ne me fait pas peur. Tout est question de volonté. Si je décide de mener ce combat-là, je saurai mettre alors toutes les chances de mon côté, comme j'ai su le faire dans ma carrière de joueuse.

22

Lendemain de fête

L'Open Gaz de France à Paris, bien qu'il s'agisse d'un tournoi assez coté, n'est pas Roland-Garros, j'en suis consciente. Pourtant, à plus d'un titre, ma victoire remportée sur Serena Williams en finale, en février 2000 à Coubertin, représente à mes yeux une part d'éternité

Je suis fatiguée. C'est terrible. J'ai mal aux hanches. Je ne suis pas sûre de pouvoir appliquer la consigne : m'installer « dans le rouge », à l'intérieur du court, et faire « l'élastique ». Utiliser sa puissance en contre et jouer sur elle comme elle déteste. Et puis monter au filet. S'étirer. Rabattre la balle. La manger du regard. Ne voir qu'elle. En face de moi, Serena a l'air fraîche comme une rose. Elle a minci, il me semble. Ou bien c'est sa robe rouge et noire qui l'affine. J'aperçois Régis dans la loge. Encadré par Laurent et Benoîte. Le fils de Régis est au premier rang. Je leur ai dit que j'étais crevée ce matin, que j'avais des courbatures, résultat du match de la veille contre Anna Kournikova. Je me suis réveillée cassée à en pleurer. Ils m'ont dit : « Allez ! Il ne te reste plus qu'un match. Tu vas le gagner et demain tu feras une bonne sieste. » Gagner à Paris ! Soulever le trophée « Gaz de France » Battre « la » Williams que je n'ai jamais battue. Montrer aux petites jeunes que nous, les vieilles, sommes encore là ! Depuis la retraite de Steffi

Graf, je me sens une responsabilité. Je mets un point d'honneur à résister autant qu'elle a pu résister. Pour que les jeunes sachent qu'elles ont encore des progrès à faire avant de prendre totalement le contrôle du tennis féminin.

Le public est venu nombreux comme tous les autres jours. Guichets fermés pour un tournoi féminin à Paris. Je rêve ! Ce public m'a découverte sur le tard. C'est un public qui connaît bien mieux Amélie Mauresmo ou Mary Pierce, toutes deux finalistes à Paris, l'une au Gaz de France en 1999, l'autre à Roland-Garros en 1995. Il les ont suivies à la télévision. Elles ont marqué les esprits. Régulière et opiniâtre, incapable d'exprimer mon meilleur tennis à Roland-Garros, finaliste à Wimbledon la veille du jour où la France devint championne du monde de football, on peut dire que j'ai tout fait pour passer inaperçue !

Je m'étais habillée en silence dans les vestiaires. Un doute affreux m'avait traversé l'esprit : « Et si je suis ridicule ? Si elle me met à dix mètres ? Si le public rit et se moque ? » Mais j'avais tendu l'oreille, et je l'avais senti. Il était là, vibrant, pour moi. C'était la première fois que je le sentais comme ça. Aussi chaleureux. Ça me donnait la chair de poule. Sauver quelques jeux. Faire un peu de spectacle. Surtout au début. Ne pas la laisser prendre confiance. Répondre coup pour coup comme un boxeur. Rester debout. C'est ça, rester debout et ne pas reculer. « Si tu recules tu es morte... »

J'étais entrée la première sous une pluie d'encouragements. En haut, à droite, les fidèles amis de la Fed Cup, les mêmes qui encourageaient Amélie l'année dernière à ma place face à la même adversaire, avaient entonné le chant des supporters. Serena qui le connaissait, ne l'entendait pas. Moi je m'étais imprégnée de ces quelques notes amicales.

Dès les premiers coups de raquette, mon bras traverse l'air avec légèreté, comme parcouru d'un courant tiède. Balle après balle je ressens de plus en plus de souplesse dans le mouvement et, peu à peu, tout en gardant une grande fluidité, j'y ajoute de plus en plus d'énergie. Je respire bien. Je suis bien. Cinq mille personnes qui m'observent en un mélange de pitié et d'espoir. Ils ont peur que je reçoive une correction, mais ils me sentent prête au combat. Ils sont tentés de me faire confiance. Quitte à le regretter.

Le match commence. Plutôt bien. Dès les premiers jeux je sais qu'au moins je tiendrai deux sets honnêtes. Au début, prendre place dans le fameux rectangle rouge, à l'intérieur du court, me pose problème, mais petit à petit je m'y sens comme chez moi. Je n'ai jamais joué si près du carré de service. Toutes les occasions de monter au filet s'imposent à moi comme des évidences. Presque une formalité. En deux pas j'y suis. J'impressionne. L'adversaire qui doute et le public qui ne doute plus. Il me communique sa confiance. Certains ont un air amusé, incrédule. A chaque changement de côté, je scrute la personne qui est en face de moi, de l'autre côté du court. Par le plus grand des hasards c'est Isabelle Demongeot qui occupe la loge juste en face. Elle se serait décalée d'une place, je ne lui aurais pas prêté attention, mais là, je la retrouve tous les deux jeux. Alors je revois les nombreux croisements de ma carrière et une certitude s'installe en moi, celle d'avoir fait les bons choix. Ceux qui m'ont permis d'assouvir ma passion. Je repose ma bouteille par terre et repars au combat. A chaque chevauchée aventureuse vers le filet, je sens la foi du public en moi et ça me donne un culot incroyable. Il arrive que le moral vacille quand même. Sur ce point crucial notamment, où je ramène trois « patates ». Lassée, Serena me fait une amortie d'enfer, je cours et je rate la balle. Mais le public ne m'a pas lâchée. Au contraire, il m'applaudit. C'est fabuleux. Je n'ai jamais suscité autant d'émotion chez mes compatriotes. Depuis quelques jeux, le match a pris une tournure bizarre. Serena est blessée. Elle pleure. Mais j'ai verrouillé toute compassion.

Je reste dans mon sas de sécurité. Même apercevoir

les larmes sur les joues de mon adversaire ne me fait ni chaud ni froid. « C'est pipeau », me dis-je, et j'y crois dur comme fer. Je ne veux pas gâcher une occasion pareille de me révéler au public et à moi-même. Je ne veux pas passer à côté d'un bonheur dont je pressens qu'il sera un des plus grands de ma carrière.

Je continue d'ignorer Serena et pense à Dieu avec sérénité. Je me mets à croire en Lui comme jamais. Serena boitille et grimace. Je me dis : « Cette fois, c'est sûr, Dieu existe et me fait signe. Il sait tout ce que j'ai sacrifié pour vivre ce moment et toucher à cette force que je sens en moi. Il y a en chacun de nous une situation idyllique qui ressemble à un rêve sur terre, et si vous le voulez vraiment, si vous mettez tout ce que vous avez en vous pour l'atteindre, tout s'illumine. Comme pour un anniversaire-surprise. Tout se passe exactement comme vous n'aviez même pas osé le croire. La mise en scène est parfaite : le cadre, l'ambiance, l'adversaire si symbolique. Même le sponsor du tournoi est à prendre comme un clin d'œil du destin. »

Quand je remporte la balle de match, je suis envahie d'un plaisir délicieux et doux. « Nat, maintenant que tu as connu ça, tu peux t'arrêter. »

Je n'éprouverai sans doute jamais plus un plaisir aussi intense ; même si je remporte un gros tournoi. Parce que c'est la première fois que je communiquais avec le public français d'une manière aussi fusionnelle. J'ai été heureuse avec les Américains, les Anglais, les Japonais, mais avec les Français... ce fut beau comme un premier amour ! Je réalise soudain à côté de quoi je suis passée pendant toutes ces années. Je fais des petits sauts de cabri hystériques pour exprimer quelque chose, moi qui suis si peu expansive, pour montrer que je vis ce moment à sa juste valeur. Je ne me serais jamais cru capable de faire un truc pareil ! Mais avant je n'étais pas bien dans ma peau. Puis, je commence à pleurer à moitié dans ma serviette avant de revenir au public pour profiter de tous ces instants. Pourquoi des larmes, quand le bonheur m'envahit ?

Après, les sollicitations d'usage : conférence de presse, interview télé, champagne au Players Lounge, la routine est revenue au galop. C'est malheureusement le circuit qui m'attend. Après un tour au Buddha Bar avec des amis, j'ai regagné ma chambre d'hôtel, porte de Saint-Cloud. Refait mes bagages. Direction Roissy-Charles-de-Gaulle pour Hanovre. Je sais ce qui me fait peur à présent : ne plus jamais vivre ça. Ne plus jamais sentir sur moi le regard captivé des spectateurs. Franchement, je croyais être certaine d'arrêter à la fin de l'année 2000, mais ce matin je me pose des questions...

Pourtant, en hissant mes soixante kilos de bagages sur le tapis d'enregistrement, un poids énorme sur la poitrine me rappelle combien j'en ai assez de voyager. L'hôtesse me sourit et me fait cadeau de l'excédent de bagages. Tiens, c'est amusant, si je n'avais pas gagné, j'aurais sûrement dû payer le supplément ! J'achète les journaux. Je suis en photo en première page. Lundi 14 février : jour de la Saint-Valentin ! Quelle ironie ! La mise en scène est vraiment parfaite. C'est mon ange gardien qui me rappelle que j'ai trente-deux ans et que je ne désire rien d'autre que fonder une famille.

Plusieurs personnes me tendent des petits carnets à signer. Je profite de ces derniers instants de gloire. J'apprécie. Je suis devenue numéro 5 mondiale au terme de ce tournoi de Paris. Cinquième, c'était mon chiffre. J'y suis arrivée en douceur, sans paniquer, malgré deux grosses déceptions en début d'année. Je le voulais trop. Parfois, quand on veut trop une chose, il arrive qu'elle se dérobe à vos désirs. Alors je m'étais calmée un peu et j'avais en moi-même reculé l'échéance. Méthode Coué . se convaincre que rien ne presse, que l'heure viendra. Le sentiment d'urgence et de panique ayant disparu, je fus en mesure de réorganiser mes forces. Des forces décuplées par un mélange de détermination et de calme.

Quand le point crucial s'est enfin présenté au troisième set du match contre Kournikova, avec d'un côté une défaite de plus, inquiétante, et de l'autre la consécration, je me suis souvenu que je n'étais jamais aussi forte que lorsque j'étais le dos au mur. J'ai donné alors tout ce que j'avais en moi, et aligné trois jeux parfaits. J'ai raflé le titre. Un souvenir inoubliable.

Dans les vestiaires, Sandrine Testud, m'avait lancé en riant : « Quelle guerrière ! » Venant d'elle qui est sans doute la plus guerrière de nous toutes, le compliment m'avait touchée au fond du cœur.

« Guerrière » le mot trotte dans ma tête, et paradoxalement m'apaise.

Mais il est temps que je pense un peu à autre chose. Je tripote machinalement ma croix en diamant. Je me dis qu'il faudra que je ressorte ma croix basque un de ces jours. Ces deux bijoux comptent autant l'un que l'autre, mais je ne porte plus que la croix chrétienne. Parce qu'un ignorant m'a accusée d'exhiber une croix gammée un jour où je portais la croix basque ! En attendant, chaque fois que j'embarque pour quelque destination, j'emporte un petit coin du Pays basque dans mon cœur, et quand je souffre de la solitude, le soir, au fond d'une de ces chambres d'hôtel si impersonnelles qu'il faut faire un effort pour se souvenir dans quel pays on se couche, j'imagine les murs blancs, les toits rouges, les volets sang-de-bœuf, la nappe basque, et un plat fumant. Passer en revue tous les clichés pour touristes me fait un bien fou parce que j'ai envie d'en faire mon quotidien. Je pense à mes copains champions de pelote à mains nues, et je sais que je les retrouverai l'été prochain.

Mais voilà qu'on embarque. J'ai de la chance : tous les vols pour l'Allemagne sont annulés sauf le mien. La sieste promise se précise. Tant mieux, je suis cuite. Mon esprit flotte sur un nuage, mais mon corps me semble enserré dans un étau de ciment. Etrange sensation, comme si mon bonheur était trop lourd à porter.

Embarquement « immédiat » pour Hanovre. Le mot « immédiat » me fait sourire tant le temps s'éternise avant de monter dans un avion.

Je pose un sac à main de quinze kilos à mes pieds, mes raquettes occupent la place voisine de la mienne.

Elles me tiennent compagnie. Je ferme les yeux et embarque pour mon rêve à moi. Je vois des greens de golf d'un vert tendre parfait. Je vois le sourire de ma mère en vacances. J'entends mon père râler en silence. Je me vois accueillant mes deux nièces, Coralie et Pommeline, pour les prochaines vacances de Pâques. Je ressens le plaisir de conduire mon extraordinaire voiture sur une route inconnue et un peu difficile...

Je cherche deux ou trois mots pour donner un sens à tout ça. Trouver les mots pour dire que le bonheur se tient juste au bout de l'effort. Quelque chose de simple qui pourrait intriguer tous ceux qui ne peuvent pas s'empêcher, lorsqu'ils saisissent un livre, d'aller directement à la fin lire la dernière phrase. Quelque chose de modeste et d'encourageant, une planche de salut pour traverser des océans de doute.

Au moment où je remets ma carte d'embarquement à l'hôtesse, trois petits mots se mettent au garde-à-vous pour me laisser passer : « N'abandonne jamais. »

ANNEXES

I

Une fille comme les autres

par Régis de Camaret

Quand Nathalie est venue me voir à Saint-Tropez, c'était une fille comme les autres qui voulait tenter sa chance sur le circuit professionnel, univers dont je ne connaissais pas tous les rouages. Dans ma vie, j'ai entraîné une bonne quinzaine de filles qui possédaient des qualités bien supérieures à celles qu'avait Nat au départ. Mais elle est arrivée au plus haut niveau grâce à l'intensité qu'elle a su mettre dans son travail. Contrairement à beaucoup de joueuses, quand Nathalie s'entraîne deux heures, elle est vraiment « présente » deux heures. Pas une minute de moins. Bien sûr, suivant ses états d'âme ou ce qu'elle a fait la veille, elle fera les exercices à fond, ou bien aux trois quarts ou même à demi, mais elle les fera quand même toujours au mieux de ce qu'elle peut réaliser ce jour-là. Nathalie est quelqu'un de généreux dans ses entraînements : ce qu'elle peut donner, elle le donne, même si ce n'est pas beaucoup.

Combien de joueuses ont fait toute une carrière en deçà de leurs possibilités ? Combien de joueuses ont, pour un oui pour un non, pour un mot de travers, un coup de vent, bazardé la moitié d'un entraînement ? Des dizaines, des centaines sans doute, et ce depuis des générations. Pourtant, un seul entraînement de bâclé, c'est une semaine de travail pour le récupérer.

Une carrière de joueuse de tennis se bâtit comme une maison. Au début, toutes les filles construisent le premier mur. Puis le deuxième. Au moment d'élever le troisième, une faible minorité va chercher les pierres nécessaires un peu plus loin, tandis que la plupart reprennent les pierres du premier mur et tournent ainsi en rond jusqu'au constat d'échec, sans jamais vraiment comprendre ce qui a permis à telle autre de bâtir la maison de ses rêves.

Quinze années d'observation du tennis de haut niveau m'ont amené à penser que ce qui caractérise les championnes est leur capacité d'adaptation aux situations nouvelles, y compris dans leur vie personnelle. Elles possèdent un véritable pouvoir d'absorption des difficultés, une faculté rare à amortir les hauts et les bas inévitables d'une carrière. Dans la pire des situations, s'il y a un petit truc à tenter, elles le discernent très vite et le tentent sans délai.

On me dit parfois que Nathalie est quelqu'un qui ne renonce jamais. La réalité est tout autre. Nathalie a une tendance à la passivité. Elle ne prend pas les devants. Vit sur ses acquis. Quand elle avance, c'est en se protégeant. Et puis il y a un moment où, forcément, elle constate que cette attitude ne donne pas de résultats et qu'elle commence à s'enfoncer. C'est là où elle est forte car, à ce moment-là, elle provoque toujours une réaction. C'est sa marque de fabrique. Ce qui fait la différence avec toutes les autres victimes d'une vie de petit épargnant.

Comme on l'a toujours enfoncée, jamais mise en valeur, Nathalie se prend d'abord pour ce qu'elle croit être : quelqu'un d'un peu terne, très quelconque. Elle se plie à l'image que les autres veulent avoir d'elle. Et puis, tout d'un coup, la situation exige qu'elle devienne ce qu'elle est vraiment, une championne, une femme équilibrée, intelligente.

Pourquoi, depuis le temps qu'elle a l'occasion de goûter au bonheur d'être elle-même et obtenu tant de preuves de son talent, ne serait-ce que sous les trophées qui ornent les étagères de son salon, revient-elle toujours à la case départ, comme si son capital confiance devait inévitablement lui glisser entre les doigts comme du sable fin ? Parce qu'elle ne peut pas s'empêcher de retourner dans le système qui l'annihile. Elle téléphone à ses parents tous les deux jours pour entendre une voix qui lui fait remettre sa robe de petite fille et qui la rassure.

Pourquoi ne réussit-elle jamais à Roland-Garros ? Elle vous parlera de l'inconfort des attaquants sur terre battue et des spécialistes espagnoles qui jouent si bien sur cette surface. Elle vous racontera Wimbledon, et s'étendra sur le bonheur de jouer sur gazon ou bien sur les plaisirs du ciment américain. La vérité est ailleurs. Roland-Garros abrite tout ce qu'elle déteste, et en particulier les locaux de la Fédération, symbole d'un système dont elle a été exclue. Un jour, quelqu'un d'important lui en a préféré une autre, l'a rejetée. Elle s'est présentée, pleine d'espérance : « Non, toi tu n'es pas bonne ! » a dit le responsable. Elle a prouvé mille fois que cette personne s'était trompée.

Et depuis qu'elle a battu celle qui avait été sélectionnée à sa place au niveau de la Ligue, elle n'a cessé d'accumuler les résultats comme autant d'occasions de montrer ce qu'elle était capable de faire en dépit des apparences. Quand elle est loin, elle en rit. Mais lorsque, chaque année, au printemps, on lui demande d'affronter le phénomène dans sa banalité et de se retrouver aux portes de ce système de sélection, ça la gêne toujours. C'est un rappel à l'ordre. Aussitôt, elle rentre dans sa boîte, et il est bien difficile de l'en faire ressortir.

Heureusement, Nat possède une autre qualité rare, elle dispose d'une capacité d'inertie monstrueuse. Une qualité qui peut vite devenir un défaut quand elle pousse le bouchon un peu trop loin. Cela se retourne parfois contre elle, en particulier dans ses relations avec la presse. Comme elle n'a jamais eu trop envie de se dévoiler, il lui est arrivé d'opposer à la curiosité des journalistes un vide sidéral. Elle les mettait en face de « rien », les laissant bien perplexes à l'idée de devoir rédiger un article. Mais c'est sa manière à elle d'absorber tous les coups bas et tous les chocs qu'elle a reçus dans sa vie.

Pour se donner bonne conscience, ceux qui l'ont fait souffrir en ne reconnaissant pas ses mérites vous diront que c'est justement dans ce mépris qu'elle a puisé ses forces. Je pense personnellement que la meilleure méthode pour apprendre à nager à quelqu'un n'est pas de lui enfoncer la tête sous l'eau.

La vérité, c'est qu'elle n'a jamais eu d'autres solutions pour avancer que d'ignorer la critique et de ne plus s'en remettre qu'à elle-même.

Elle est rapidement montée dans les vingt premières mondiales. Tout au long de la route, elle a placé des repères. Le premier d'importance fut ce match qu'elle gagna à Barcelone contre Navratilova. Le tennis qu'elle pratiqua et l'autorité qu'elle déploya alors lui offrit une première image d'elle très positive qu'elle épingla en son for intérieur à côté de son titre de numéro 1 française. C'est ce qu'on appelle la confiance et qui fait monter chaque individu à l'étage supérieur. A l'inverse, quand elle rate, elle va rechercher une image négative d'elle-même, et alors c'est toute une histoire pour remonter le système. C'est le problème de certaines joueuses que j'ai entraînées. Elles se prennent pour des nulles : « Je suis minable... » La clé pour les sortir de là ? Pas de psychologue, elles ne sont pas malades et on irait droit dans le mur. Un seul credo : la technique et le travail. Lui donner les moyens de réussir quelque chose qu'elle ne sait pas faire et qui va lui servir à gagner des points. Alors automatiquement s'engagera un processus positif · « Ah, tiens ? J'arrive à faire ça ? Je ne suis donc pas si nulle que ça ? » Et si elle y arrive en match amical, puis en match facile, puis contre une fille forte à un moment clé, la confiance revient et se renforce.

Toutes les plus grandes fonctionnent ainsi, à l'image de Martina Hingis qui « péta les plombs » à Wimbledon puis, après une escapade amoureuse à Chypre, revint à la case départ. Travail, travail, travail, pour se remettre sur les bons rails.

Il faut être bien sot pour penser qu'un entraînement sert uniquement à travailler ses coups. Un exemple. Quand une joueuse n'arrive pas à faire un exercice immédiatement, elle s'arrête. Elle me dit : « Pourquoi continuer puisque je n'y arrive pas ? » Le problème du cheval qui refuse un obstacle. « Si tu arrêtes, lui dis-je, c'est fini. Tu es une nulle et tu ne peux pas te considérer autrement. Si tu continues, c'est que tu estimes que tu n'es pas une nulle et que tu vas réussir. Alors non seulement ton bras va intégrer le geste demandé, mais dans cette recherche, tu vas indiquer à ton mental que tu crois en toi et donc en lui. »

Nathalie ne s'est jamais arrêtée. Elle n'a jamais fui ou contourné une difficulté. Elle s'est repliée, recroquevillée, protégée, mise à l'abri. Elle s'est trouvé une espèce de vitesse inférieure sans jamais caler, jusqu'à ce que se présente de nouveau le moment de remettre la gomme, et de repartir plein pot... 80 % des individus qui auraient rencontré ce qu'elle a rencontré auraient garé la voiture et continué à pied.

Quelquefois, on me demande ce que j'ai de commun avec les grands coaches. Je n'en sais rien. J'entraîne aussi bien des joueuses de haut niveau que les membres de mon club. Je regarde, j'écoute, j'enregistre. Mes connaissances, je les dois à mes élèves et à ceux que j'ai copiés, à commencer par Joseph Stolpa, immense coach qui a formé Françoise Durr et fait travailler plusieurs joueurs tels que Nastase. Je dois à cet homme mes recherches dans le sens d'un meilleur rendement grâce au relâchement du corps. Depuis, je me suis adapté à l'entraînement moderne sans jamais oublier que tous les courts du monde ont les mêmes repères et qu'il faut savoir les utiliser. J'apprends à mes élèves à « payer moins cher » que les autres des coups de grande qualité. La plupart des adversaires de Nat paient « 10 » quand celle-ci ne dépense que « 3 » pour exécuter le même type de coup. Quand l'adversaire parcourt trois mètres en de nombreux petits pas pour frapper en déséquilibre, il en faut seulement deux à Nathalie pour frapper la balle en équilibre et se replacer facilement. Comme elle fait sa prise d'appuis (flexion) au moment où l'adversaire frappe la balle, elle dispose de plus de temps et se fatigue moins. Son coup d'œil lui permet de couper les trajectoires, elle fait moins de chemin et s'économise. Quand elle frappe la balle, on entend à peine un souffle, mais en face on la sent, lourde, précise. C'est une question de timing, mélange de technique et de rythme.

Elle a appris à masquer la direction de ses engagements et à « lire » les trajectoires des services adverses, de sorte qu'elle retourne généralement mieux que ses adversaires. Là encore sa technique n'a pas pour seul effet de faire gagner un point de plus à Nathalie. Elle est déstabilisatrice, même pour l'adversaire puissante qui lui a envoyé un service canon. Du tac au tac, parce qu'elle a su bien se placer, Nat est capable de lui retourner une fusée. Dubitative, l'autre s'interroge et joue en sur-régime. C'est alors que Nathalie peut vraiment devenir redoutable. Et que j'aime la voir jouer ainsi !

RÉGIS DE CAMARET

II

Mon petit musée imaginaire

Je conserve chez moi la plupart de mes trophées et quelques souvenirs rapportés de mes tournois. Mais je vous invite à une petite visite guidée de mon musée « virtuel » pour un inventaire à la Prévert où il y aurait :

— Les quatre trophées du Grand Chelem. Symbole de la tradition du tennis.

— La raquette Lacoste en fer. Avec le « Dumper », l'antivibratoire inventé par le génial Mousquetaire. Je n'ai malheureusement jamais joué avec un de ces modèles.

— Les robes de Ted Tinling. J'adore les robes en général, et ce personnage invraisemblable, à la tête lisse et ovale comme un ballon de rugby, était d'une délicatesse extraordinaire avec les joueuses de tous les pays. Il était le plus fervent admirateur des championnes. Il a dessiné pour elles les robes les plus innovantes de l'histoire du jeu.

— Une photographie en sépia des quatre courts centraux des tournois du Grand Chelem (Australie, France, Angleterre, Etats-Unis). Pour mémoire. Pour mesurer le temps qui passe et l'appartenance à l'Histoire. Donner envie de préserver tout cela malgré les lois de l'économie.

— Une photo en noir et blanc de Rod Laver et de Margaret Court. Immenses et exemplaires champions australiens. Ils sont les derniers à avoir réussi le « vrai » Grand Chelem : remporter les quatre tournois la même année.

— Un échantillon de chaque surface de jeu : le Rebound ace, la terre battue, le gazon (seule surface vivante, sur laquelle jouer est un véritable régal) et le ciment.

— La première balle engagée dans une compétition.

— Les premières raquettes en bois. Un si bel objet. Si émouvant à toucher.

206

— La robe la plus célèbre de Suzanne Lenglen. Signée Jean Patou. Elle incarne l'élégance et la liberté du mouvement, avec un soupçon de provocation distinguée.

— La Fed Cup et la Coupe Davis. Deux coupes qui témoignent qu'un sport individuel peut, parfois, quand tout concorde, devenir un vrai grand sport d'équipe.

III

Mes onze commandements

Ou comment se retrouver dans un monde où la flatterie est plus fréquente que la sincérité. Et le doute, plus sûr que la confiance

   I. Faire les bons choix aux bons moments (ni trop tôt ni trop tard).

   II. Ne pas faire ce dont on a envie, mais ce que l'on doit.

   III. Se méfier des flatteurs qui finissent toujours par demander quelque chose.

   IV. Le travail reste le meilleur des placements.

   V. Apprendre à donner. Il vous en reste toujours quelque chose.

   VI. Connaître parfaitement ses outils de travail.

   VII. Savoir reconnaître et utiliser toutes ses compétences

   VIII. Savoir discerner les motivations des gens qui s'adressent à vous, pour ne pas être déçu.

   IX. Connaître (et accepter) ses qualités et ses défauts, et être capable de se regarder en face.

   X. Faire simple. C'est plus facile à réussir.

   XI. La discipline ménage l'effort.

IV

Tauziat en chiffres[1]

1. Numéro 1 française sept années consécutives (1987-1994).
3. Nombre de quarts de finale disputés à Wimbledon (1992, 1997, 1999).
5. Le meilleur classement mondial obtenu (février 2000).
10. Le nombre de tournois WTA remportés dans ma carrière en simple.
11. Sur 14 disputés, le nombre de matches remportés sur herbe en 1999.
12. Le nombre de qualifications pour le Masters de fin d'année réunissant les meilleures (5 en double ; 7 en simple).
13. Ans. L'âge auquel j'ai commencé à travailler avec Régis de Camaret.
14. Le nombre de raquettes utilisées par an en moyenne.
15. Le nombre de paires de chaussures de tennis utilisées par an, en moyenne.
16. Ma position au classement par gains toutes générations confondues.
20. Le nombre de tournois WTA remportés en double.
24/25. La tension habituelle de mon cordage.
30. Ans. L'âge auquel j'ai fait mon entrée dans le Top Ten, sept ans après avoir occupé le treizième rang.
33. Le nombre — record — de sélections en Fed Cup pour la France.
35. Le nombre de matches gagnés en 1999.
55. Le nombre de tournois du Grand Chelem disputés depuis le premier, en 1984.
73. Ans. Le temps écoulé entre les deux seules finales de Wimbledon disputées par des joueuses françaises : victoire de Suzanne Lenglen, en 1925, ma finale en 1998.

1. Chiffres arrêtés début 2000.

100. Nombre de cordages utilisés en moyenne dans l'année.

165. En centimètres, ma taille.

300. Nombre de tournois WTA disputés en double depuis le début de ma carrière.

324. Nombre de tournois disputés en simple.

1967. Année de naissance (le 17 octobre à Bangui, République centrafricaine).

140 859 (dollars). Gains en double pour l'année 1999.

671 648 (dollars). Gains en simple pour l'année 1999.

4 494 039 (dollars). Gains accumulés en tournois simple et double depuis le début de ma carrière.

V

Aperçu de ce qu'il faut savoir
sur le tennis féminin

LES POINTS FORTS

— La mission de la WTA est d'organiser le tennis féminin et d'en garantir la promotion à travers le monde.

— Le « Sanex WTA Tour » — appellation officielle — est la première organisation sportive féminine en termes de développement, d'exposition et de budget.

— Il comporte 59 tournois, durant 11 mois de l'année, soit la plus longue « saison » de tout le sport féminin.

— Il touche 11 milliards de foyers dans le monde et draine plus de 3,7 millions de spectateurs par an.

— La WTA qui est administrée par des hommes et des femmes salariées issus des métiers du conseil et du marketing, ainsi que par quelques anciennes joueuses, est située à Saint Petersburg en Floride, aux États-Unis.

— Les joueuses de la WTA représentent 75 nations et sont les seules sportives reconnues par leur unique prénom : Martina, Monica, Chris, Venus, Serena, Steffi... sont aussi connues que... Hingis, Seles, Evert, Williams et Williams, Graf !

— Le WTA Tour est le sport suivi par un panel de fans le plus varié qui soit : à travers toutes les catégories d'âge, géographiques, et socioculturelles.

— En 1998, l'augmentation de la fréquentation des stades pour un tournoi féminin a atteint 3,65 millions de spectateurs par rapport à 1997. En 1999, 14,7 % d'augmentation ont été remarqués après 30 tournois disputés.

— Pour la vingt-neuvième année consécutive, les prix distribués dans les tournois ont augmenté. En 1998, on a noté une augmentation de 74 % par rapport à 1990, et un apport de 45 millions de dollars entre 1998 et 1999.

— Les records d'audience TV sont en hausse dans de nombreux pays : Europe, Etats-Unis, Canada.

— Le réservoir de « fans » de tennis aux Etats-Unis est estimé à 82,6 millions de personnes, soit 11 millions de plus que les fans de golf.

— La finale de l'US Open 1999 Hingis-Serena Williams a battu tous les records d'audience des retransmissions de nuit de la décennie.

LES TEMPS FORTS

— 1926 : avènement de la première joueuse professionnelle de l'Histoire, Suzanne Lenglen. En acceptant 50 000 dollars pour une tournée de quatre mois à travers les Etats-Unis, le Canada, Cuba, Mexico avec Mary K. Browne, la championne fut radiée des membres d'honneur de Wimbledon.

— 1968. Nancy Richey gagne à Roland-Garros le premier tournoi du Grand Chelem de l'ère Open. Un an après le succès de Françoise Durr.

— Septembre 1970. Premier tournoi pro à Houston

— 1972. Soixante joueuses sont considérées comme professionnelles.

— Juin 1973. Naissance de la WTA (Women Tennis Association) pendant le tournoi de Wimbledon. King fut la première présidente. Aujourd'hui un homme, Bart McGuire, est à la tête de l'association.

— 1982. Martina Navratilova est la première à passer le seuil symbolique du million de dollars gagnés dans les tournois. Nous sommes 101 joueuses à l'avoir fait depuis

— 1984. Pour la première fois, à l'US Open, une finale dames (Evert-Navratilova) mobilise plus de téléspectateurs que la finale hommes (McEnroe-Lendl).

— 1994. Le mythique sponsor du tennis féminin depuis ses débuts, Virginia Slims, marque de cigarettes distribuées par Philip Morris, est obligé de rompre avec les joueuses en raison de l'image négative que représente l'association tabac et tennis. Cette rupture remettra un temps en cause l'avenir doré du tennis féminin.

— 1997. A dix-sept ans, Martina Hingis bat les records de gains en tournois : elle franchit le cap de 3,4 millions de dollars.

— 1999. Malgré l'absence de sponsors, la WTA continue d'accroître le montant global des gains en tournois.

— 2000. Le tennis féminin, qui s'est retrouvé un sponsor (Sanex), ne s'est jamais porté aussi bien, en dépit d'une dotation inférieure à celle des hommes en Grand Chelem.

REMERCIEMENTS

Outre les personnes citées dans ce livre, l'auteur tient également à remercier : Coralie, Pomeline, Jessica, Arnaud, Erick, Denise, Jean-Pierre, Sylvie, Philippe, David, Cathy, Stéphanie, Alain, Monette, Jean-François, Gianni, Geneviève, Chryslaine, Dawn, Anne, Muriel et Calypso.

Table

Cet ouvrage a été composé par
Nord Compo (Villeneuve-d'Ascq)
et imprimé sur presse Cameron
*par **Bussière Camedan Imprimeries***
à Saint-Amand-Montrond (Cher)

Achevé d'imprimer en septembre 2000.

N° d'édition : 13207. — N° d'impression : 003850/1.
Dépôt légal : avril 2000.
Imprimé en France